Inhaltsverzeichnis

Legende

benötigte Kochstellen und Küchengeräte:

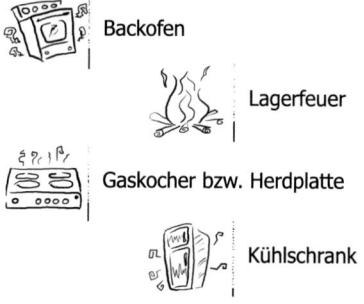

Backofen

Lagerfeuer

Gaskocher bzw. Herdplatte

Kühlschrank

Schwierigkeitsstufe des Rezeptes:

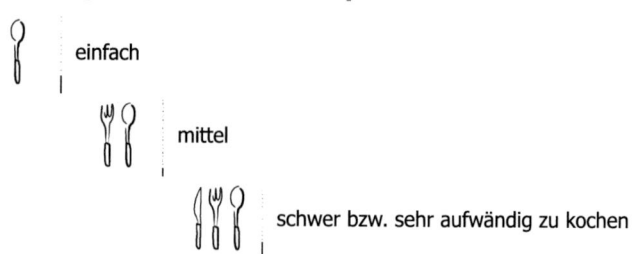

einfach

mittel

schwer bzw. sehr aufwändig zu kochen

Vorwort

Noch ein Buch zur Küche auf Lagern, Freizeiten und in Gruppenstunden?

Ja, so ist es! Doch dieses Buch möchte sich durch verschiedene Punkte von allen anderen Küchen-Büchern für die Jugendarbeit abheben. Denn in diesem Buch ist nicht die Erfahrung von einem kleinen Team, das immer gemeinsam auf Freizeiten fährt, gebündelt, sondern es ist von vielen verschiedenen Autoren aus diversen Vereinen geschrieben. Diese Einzigartigkeit kommt auch bei fast jedem Rezept zum Ausdruck, denn die vom Autor vorgeschlagene Personen- bzw. Portionenanzahl wurde meistens beibehalten. Wer die Personen bzw. die Portionen nicht selbst auf seine gewünschte Personenanzahl hochrechnen möchte, der sollte den Gruppenstunden-Ideen-Katalog unter www.gruppenstunden-ideen.de aufrufen, dort nach dem entsprechenden Rezept suchen und bei den meisten Rezepten gibt es mittlerweile die Möglichkeit, die Mengen auf eine gewünschte Anzahl hochrechen zu lassen.

Bei der Artikelauswahl wurde größtenteils darauf geachtet, dass die Rezepte gesund und nahrhaft sind - und zudem noch meist eher unbekannt. Zudem ist dies das einzig uns bekannte Kochbuch für Jugendleiter, dass sich so intensiv auch mit Cocktails und Drinks beschäftigt.

Das Buch ist weitgehend universell einsetzbar, sei es die Verpflegung mit Zeltküche, das Selbstversorgerhaus oder nur eine Gruppenstunde, in der man etwas kochen möchte.

Momentmal, da gibt es auch die Url www.gruppenstunden-ideen.de dazu?

Dieses Buch setzt die kleine Erfolgsgeschichte des Gruppenstunden-Ideen-Kataloges fort, der unter www.gruppenstunden-ideen.de zu finden ist. Dort hast du die Möglichkeit, noch viele weitere Rezepte anzuschauen, auf die gewünschte Personenzahl hochrechnen und ausdrucken zu lassen. Zudem kannst du dort auch deine Erfahrungen mit einem Rezept veröffentlichen und natürlich auch eigene Rezepte (sofern noch nicht vorhanden) einstellen. Nutze diese Gelegenheit, denn jeder kann nur von den Erfahrungen der anderen provitieren.

Es ist geplant in unregelmäßigen Zeitabschnitten zu diesem Buch ergänzende Broschüren herauszubringen. Diese kann man wie auch dieses Buch unter www.jugendleitershop.de bestellen.

Auf eine neue Jugendarbeit

CHRISTIAN MEHLER

Vorwort zur dritten Auflage

Nachdem die ersten beiden Auflagen dieses Buches bis auf einen Punkt nur positive Kritik bekommen haben, möchten wir in dieser Auflage auch noch den bisherigen negativen Punkt ausmerzen. Wir haben alle Rezepte (bis auf die Kategorie "Cocktail & Drinks") auf 10 Personen umgearbeitet und hoffen so die Planung zu erleichtern.

Mittlerweile ist auch die erste Erweiterung mit dem Themenschwerpunkt "Backen" entstanden. Diese beinhaltet elf Ofenbauanleitungen (von einfach und klein bis hin zu groß und kompliziert) sowie Backanleitungen für "Brot & Brötchen", "Hauptmahlzeiten", "Nachtisch", "Kuchen" (davon zwei auch komplett ohne Backen herzustellen), "Gebäckstücke & Muffins" sowie "Kekse" und "Abendessen". Diese Erweiterung zu diesem Buch kann nur im Jugendleitershop unter www.jugendleitershop.de bestellt werden.

Auf eine neue Jugendarbeit
CHRISTIAN MEHLER

RUND UM DIE KÜCHE

Am Anfang steht immer die Frage: Wie geht das überhaupt?

Im folgenden Kapitel möchten wir dir Einblicke in die Organisation und den Aufbau von Lagerküchen, die Einbindung von Kindern, Ernährungsgrundlagen und einige weitere dazugehörige Themengebiete vorstellen. Da bei diesen Thematiken zwischen den verschiedenen Trägern teilweise Unterschiede existieren, haben wir versucht durch das Einbinden von gleich fünf Autoren aus verschiedenen Gebieten eine möglichst umfassende und vor allem sinnvolle Einführung für Neulinge in die Jugendleiter-Küche zu erschaffen.

Der Dank für dieses Kapitel geht daher besonders an Michaela Blum, Stephanie Gerk, Nadine Sandmeier, Daniel Esser und Christian Mehler.

Küchenausstattung

Bei Lagern in einem Haus ist die Küche meistens recht gut ausgestattet. Trotzdem sollte man in einem Vorgespräch feststellen, was wirklich vorhanden ist und was noch mitgebracht werden muss. Bei einem Zeltlager baut man meist eine eigene Küche auf. Die zugehörige Küchenausstattung wächst mit der Zeit und je nach Anforderungen (z.B. viele Kinder mit diversen Allergien) kann es auch sein, dass man schon für kleinere Gruppen einiges an Material mehr benötigt. Da wir auf unseren Lagern immer nur eine zentrale Essensausgabe machen, benötigen wir entsprechend wenige Schüsseln (und natürlich noch einiges weniger). Möchte man das Essen direkt auf den Tisch stellen, muss an diesen Stellen entsprechend das Material erweitert werden.

Die folgenden Listen haben sich bei uns bewährt, jedoch sollte immer nur das tatsächlich benötigte Material angeschafft und mitgenommen werden.

Basis-Küchenausstattung

Unsere Basis-Küchenausstattung für ca. 45 Personen sieht wie folgt aus:
- Besteck
- Schüssel-Set (36, 32, 28, 24, 20, 16 cm Durchmesser jeweils) Plastik
- passende Deckel zum Schüssel-Set
- Salatbesteck, 2x
- Küchenschere
- Grillgabel, Metall
- Grillzange, Metal
- Grillwender, Metall
- Dosenöffner, Hebeldosenöffner
- Soßenkelle
- Schöpfkelle, groß
- Pfannenwender (mit Löchern), groß
- Schneebesen, groß
- Kochmesser
- Küchenmesser, klein, 4x
- Sparschäler, 3x
- Spülschüsseln, 2x (für das Spülen in der Küche)
- Geschirrabtropfgestell (falls schneller gespült als abgetrocknet wird)
- Waschwannen, 2x (zum Spülen der Kinder)
- Abtropfsieb, Aluminium
- Schüsseln, Alu, groß, 4x
- Schüsseln, Alu, klein, 6x

> **Tipp für das Lager:**
> Bei anderen Vereinen nachfragen, welches Material man leihen könnte!
>
> **Tipp für die Gruppenstunde:**
> Bei einmaligem oder unregelmäßigem Kochen lieber das Material von daheim mitbringen.
> Beim regelmäßigen Kochen aber auch besser anschaffen!

- Gemüsehobel (Reibe)
- Schneidebrett, 40x28, Holz
- Schneidebrett, 37x21, Holz, 2x
- Schneidebretter, grau, Plastik, 3x
- Butterdosen, 4x (für jeden Tischblock)
- Wasserkanister, blau, 26 Liter, 2x (fürs Holen von Spülwasser, etc)
- Wasserkanister, weiß, 10 Liter, 2x (für Getränke)
- Trichter
- Messbecher
- Teller, 20x (für Wurst, Brot, etc.)
- Grillschürzen, 2x
- Topflappen, Paar, 2x
- Stoffhandschuhe, Paar, 2x
- zahlreiche leere Plastikdosen (z.B. von Eis)
- luftdicht verschließbare Boxen (zur Lagerung), ca. 70x50x30cm
- 2 Gaskocher
- große Pfanne
- 4 Töpfe (1x ca. 20l, 2x ca. 40l, 1x ca. 60l)

Tasse, Teller und Besteck muss bei uns jeder Teilnehmer selbst mitbringen und nach dem Essen auch selbst spülen.

Verbrauchsmaterial
Die Verbrauchsmaterial-Liste sieht wie folgt aus:
- Gewürze (keine Großpackungen kaufen, sondern Haushaltsgrößen)
- Grillanzünder
- Alufolie
- Frühstücksbeutel
- Müllbeutel
- Frischhaltefolie
- Spülmittel
- Haushaltstücher
- Kratzschwämme
- Abtrockentücher
- Metallschwämme
- Spülmaschinentabs

Warum Spülmaschinentabs?
Wer kennt das Problem nicht: Gerade nicht schnell genug gerührt, sich um ein anderes Problem gekümmert, ... und schon ist unten im Topf eine Kruste mit Angebranntem. Jetzt heißt es schrubben ... oder einfach ein paar Spülmaschinenreinigertabs mit ins Lager nehmen; denn jetzt einfach das Essen aus dem Topf nehmen, Wasser rein, Tab rein und das Ganze wieder aufkochen. Der Topf wird strahlen.
(Mir ist bewusst, dass diese Art der Topfreinigung leider nicht so ganz mit Umweltschutz verträglich ist, deswegen nur bei "Härtefällen" benutzen.)

Küchenaufbau

Der Küchenaufbau auf einem Zeltlager ist meistens eine kleine Meisterleistung. Bei uns ist das Küchen- und Essenszelt immer nur ein Zelt. Der große Vorteil bei diesem Zelt ist, dass es auf beiden Seiten Eingänge hat. Dadurch gibt es einen Kinder-Eingang und einen "verbotenen" Eingang (je nach Lagerthema auch "verwunschen", "verhext", etc.).

Direkt an den "verbotenen" Eingang schließen sich die Kochgelegenheiten an, wonach der Essensbereich folgt. Eine schematische Darstellung findet man in der folgenden Übersicht. Da wir ein altes "Hauszelt" immer noch dabei haben, lagern wir den Großteil der Lebensmittel in diesem Zelt (darin wird auch das restliche Material für Workshops, etc. gesammelt). Dieses steht mit einem Eingang ein paar Meter von dem "verbotenen" Eingang des Küchenzeltes.

Dazwischen ist soviel Platz, dass man die Hockerkocher aus dem Küchenzelt hinaus zwischen diese beiden Zelte stellen kann. Dadurch vermeidet man im Sommer ein zusätzliches Aufheizen des Zeltes durch die Hockerkocher (natürlich sollte man den Bereich zwischen diesen beiden Zelten ebenfalls zur "verbotenen" Zone hinzufügen). Um möglichen Matsch in der Küche zu vermeiden, eignet es sich gut, wenn man zumindest den Küchenbereich auf Paletten stellt.

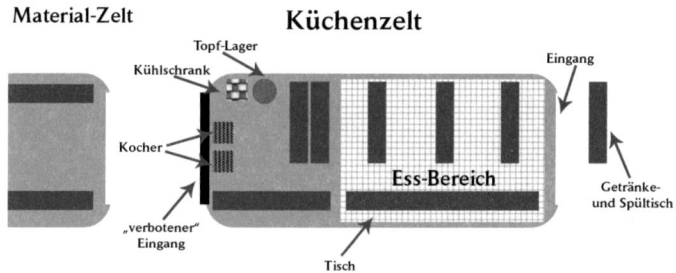

Kiosk

"Kinder sind Kinder". Warum ich mit dieser Feststellung diesen Beitrag starte? Weil es stimmt - und ich noch darauf zurückkommen werde.

Bei unseren Lagern gab es bisher immer einen Lagerkiosk, an dem zu den kostenlos verfügbaren Getränken auch noch Limonade und diverse Süßigkeiten gibt. Warum machen wir einen Lagerkiosk? Weil das nächste Dorf 5 km entfernt ist? Nein, auch letztes Jahr, wo direkt neben dem Zeltplatz ein Lebensmittelgeschäft war, hatten wir einen Lagerkiosk. Wo liegt also der Vorteil des Lagerkiosks gegenüber der Möglichkeit, die Kinder zum Lebensmittel-geschäft gehen zu lassen?

Unser Lagerkiosk öffnet immer nur für ca. 30 Minuten nach dem Mittagessen. Bezahlt wird dabei nur von dem Lagerkonto, das für jeden Teilnehmer geführt wird. Darauf wird zu dem aktuell vorhandenen Geldbetrag ebenso die Anzahl der gekauften und zurückgegebenen Flaschen vermerkt. Denn das Flaschen-Pfand müssen wir auch bezahlen und zudem umgeht man dadurch, dass zahlreiche leere Flaschen auf dem Platz liegen. Wer mehr als 3 Flaschen aktuell hat, kann keine weitere mehr kaufen.

Der erste Punkt, der gegen das Gehen zum Laden spricht, ist die Aufsichtspflicht, also mind. Dreier-Gruppen oder ein begleitender Betreuer (auch von der Erntfernung und Alter der Kinder abhängig). Der zweite ist die "Überwachung" der Einkäufe: Kläuschen war mit im Laden und isst die nächsten Tage nichts beim gemeinsamen Essen - schließlich war der herbeigeschleppte Süßigkeiten-Beutel groß genug. Um die Fürsorgepflicht richtig warhzunehmen, müssen wir auch diesen Fall ausschließen können, denn "Kinder sind Kinder" und Süßes ist toll.

Somit war unsere Folgerung daraus: Wir haben einen Maximal-Betrag von 1,00 Euro eingeführt, den ein Kind pro Tag an unserem Lagerkiosk für Süßigkeiten ausgeben darf. Ebenso gibt es einen Maximal-Flaschen-Anzahl, die man von den süßen Getränken kaufen kann (je nach Flaschengröße 1-3 Flaschen pro Tag) - aber auf jeden Fall nur so wenig, dass die Kinder auch noch von den kostenlos angebotenen Getränken (Tee, Wasser, etc.) trinken müssen und somit nicht nur süß trinken.

Fortsetzung von Kiosk

Natürlich ist das Lagerkiosk auch eine organisatorsiche Aufgabe: Getränke und Süßigkeiten müssen gekauft werden, ein Betreuer muss mit Kindern gemeinsam jeweils 1x täglich das Kiosk öffnen und danach auch dem Einkäufer mitteilen, was fehlt oder mangelt. Zudem können auch noch Postkarten und Briefmarken verkauft werden. Trotz diesen zusätzlichen Aufgaben lohnt sich das Kiosk, denn man umgeht zahlreiche andere Probleme und auch Diskussionen mit Kindern - und auch bei Jugendlichen wird diese Möglichkeit in Bezug auf den Alkohol- und Zigarettengenuss interessant.

Zusätzlich kann man am Kiosk noch eine Bestellliste auslegen, auf der die Kinder ihre Wünsche eintragen können, die dann am nächsten Tag geliefert werden. Dabei sollte man allerdings auch darauf achten, dass die Kinder nur Sachen bestellen, die für sie geeignet sind (z.B. kein Redbull).

Lebensmittellagerung

Es gibt Lebensmittel, die man ohne Probleme auch im Sommer draußen liegen lassen kann. Doch vor allem leicht verderbliche Sachen (z.B. Wurst) sollte man immer kühl lagern. Hat der Zeltplatz einen Stromanschluss, so bietet sich ein Kühlschrank an. Fließt in der Nähe ein Bach, so kann man auch die Kühlung durch diesen nutzen. Alternativ gäbe es auch noch die Möglichkeit einen Naturkühlschrank zu bauen (vgl. "Ferienlager NATÜRlich" von Philipp Bucher-Zimmermann und Tina Pünchera (ISBN: 3-7252-0663-5), eine Rezension ist im Grik unter der Id 1968 zu finden).

Allerdings ist bei den letzten zwei Methoden immer die Frage, ob die Lebensmittel noch nicht verdorben sind, da in beiden oftmals höhere Temperaturen als im Kühlschrank sind. Daher sollte man die Temperatur am besten dauerhaft (Thermometer) kontrollieren. Lebensmittel sollten bei der Lagerung keinen Temperaturen über 10 Grad Celsius ausgesetzt werden. Lebensmittel, die einem anders wie normal vorkommen und seien es nur leichte Veränderungen, sofort entsorgen.

Zudem bietet sich eine veränderte Einkaufsstrategie an, so dass man erst kurz vor dem Abendessen die Zutaten für dieses (Wurst, Käse, etc.) sowie die Zutaten für das Frühstück und je nach Entfernung zu dem Geschäft auch noch für das nächste Mittagessen einkauft. Dadurch kann die heiße Mittagszeit für die Lebensmittellagerung umgangen werden.

Für die Lagerung von Trockenlebensmitteln sollten nur geschlossene, ab- und auswaschbare Behältnisse benutzt werden, da diese gegen Schädlinge und Nässe schützen. Zudem sollten diese Behältnisse nicht direkt auf den Boden gestellt werden.

Bundesinfektionsschutzgesetz (IfSG)

Das Bundesinfektionsschutzgesetz (IfSG) betrifft außer dem ganzen Lager natürlich auch die Arbeit in der Küche: Sei es der Hygieneplan, die Aufklärung der Küchenmitarbeiter oder auch die Informationspflicht gegenüber den Eltern. Ausführliche Informationen zum IfSG findet man im Gruppenstunden-Ideen-Katalog im Beitrag "Gesetzliche Vorschriften für die Arbeit in der Küche (Bundesinfektionsschutzgesetz (IfSG))" unter der Id 2954.

Kinder in die Küche

Lager- bzw. Freizeitarten gibt es viele und wenigstens genauso viele Möglichkeiten gibt es für die Küche:
Zeltküche, Küche in Blockhütte, Küche im Haus, Selbstversorgung, Kochpersonal vor Ort, eigener Koch muss mitgebracht werden, ...

Bei einer Küche mit Kochpersonal vor Ort werden die Teilnehmer bzw. einzelne Betreuer meist nur zum Tischdecken und zum Abtrocknen eingesetzt. Eher seltener werden diese auch als Unterstützung für die Zubereitung benutzt. Anders sieht die Situation bei einem Selbstversorgerhaus aus: Entweder hat man jemanden eigens für die Küche mitgenommen oder die Lagerleitung kocht oder die einzelnen Kleingruppen sind abwechselnd eigenverantwortlich für die Küche. Bei all diesen drei Situationen wird man und sollte man nicht umher kommen, die Kinder in der Küche mitarbeiten zu lassen.

Warum bin ich so energisch dafür, dass Kinder in der Küche mithelfen sollen? Um es an einem Beispiel von einem Sommerlager zu erklären: Ein 12-jähriges Mädchen schält und hobelt im Küchenzelt Salatgurken und erzählt dabei, dass sie so etwas daheim nicht machen darf. Oder bei einem Pizza-Back-Abend mit Kräutertöpfchen reagieren Kinder sehr verwundert als man die Kräuter abschneidet und auf die Pizza legt: "Unsere Kräuter sehen ganz anders aus!". Das danach etwas zögerlich folgende Probieren der frischen Kräuter hat doch für einige ganz neue Geschmäcker erschlossen. Warum ist es so, dass Kinder keinen Umgang mehr mit frischem Gemüse haben? Dass sie damit nicht arbeiten dürfen? Dass sie es nicht kennen? Es mag bestimmt zum Teil an unserer heutigen Fast-Food-Gesellschaft liegen: Essen kommt aus der Fertigpackung und ist fertig - da gibt es keine Tomaten mehr zu schneiden und keinen Geschmack durch Gewürze zu verfeinern. Mit Kindern macht man nicht nur Aktionen, um diese zu "bespaßen", sondern eben auch, um diesen neue Erfahrungen und Eindrücke vermitteln zu können - und das schafft man sehr leicht in der Küche.

Auch wenn ich die Arbeit mit frischen Zutaten bevorzuge, gibt es teilweise leider auch (aufgrund von finanziellen oder organisatorischen Gründen) Zutaten aus der Dose. Meist sind dies Pilze oder auch gewürfelte Ananas, die man schnell mit etwas Quark zu einem Nachtisch verwandelt. Wie weit man es sich gönnen kann mit frischen Zutaten zu arbeiten, sei jedem aufgrund seiner finanziellen und auch organisatorischen Möglichkeiten selbst überlassen, aber

Kräutertöpfchen sollte sich wirklich jedes Lager gönnen.

Nach doch häufigem anfänglichem Zögern arbeiten Kinder gerne in der Küche mit. Doch dabei sollte man einige Regeln beachten:
- gründliches Händewaschen vor dem Berühren von Zutaten
- die Kinder müssen eine Einweisung bekommen (Händewaschen, saubere Oberflächen, etc.)
- geschnitten wird nur auf Brettchen (o.ä.)
- die "richtig" scharfen Messer gehören nicht in Kinderhände (hierbei ist dem Entwicklungsstand und den Fähigkeiten des Kindes nach jeweils zu klären, welches Messer man diesem für die Arbeit gibt)
- nach dem Arbeiten mit rohem Fleisch werden sich sofort die Hände wieder gründlich gewaschen
- wer krank ist, schaut aus "sicherer" Entfernung zu
- am besten verteilt man immer direkt die Aufgaben für das jeweilige   Kind

Aufgaben, die so ohne Sorgen von Kindern erledigt werden können, sind:
- Nachtisch zubereiten
- Gemüse putzen, schälen, schneiden
- Salat schälen, putzen, zubereiten (auch die Soße)
- Obst schälen, putzen, schneiden
- Essensausgabe (bei entsprechender Organisation)
- Tisch decken
- Spülen
- Getränke zubereiten
- Gewürze schneiden, waschen
- (zum Teil) Essen würzen

Da wir immer mit Gaskochern arbeiten und die Töpfe entsprechend groß sind, haben Kinder an diesem Ort nichts zu suchen, da die Verletzungsgefahr einfach zu hoch ist.

Wer das Konzept der "Kinder-Küche" ganz umsetzen möchte, sollte einen Kleingruppen-Koch-Tag einplanen. Hierbei ist jede Kleingruppe für ihr Mittagessen (oder eben auch Frühstück bzw. Abendessen) selbst verantwortlich und bekommt entsprechend Geld aus der Lagerkasse zum Einkaufen. Eventuell vorhandenem Küchenpersonal sollte man an diesem Tag frei geben und vom Zeltplatz verbannen, da die Küche schnell wie ein "Schlachtfeld" aussieht, aber natürlich auch wieder von den Kleingruppen aufgeräumt wird. Vor allem bei einer kleinen Küche sollte man vor dem Beginn des Kinder-Küchen-Tages schon für jede Gruppe einen entsprechenden zeitlichen Rahmen setzen.

Koch-Organisation

Beim Kochen an sich muss man einiges beachten: Das Essen muss rechtzeitig, aber auch nicht zu früh fertig sein. Für dieses Problem gibt es kein 100% funktionierendes Lösungsmuster, aber es gibt Möglichkeiten das Ganze zu umgehen: Lieber zu früh mit dem Kochen anfangen und das Essen, wenn man merkt, dass man noch zuviel Zeit hat, auf kleinerer Flamme weiterkochen lassen. Mit einiger Übung im richtigen Timing schmeckt das Essen trotz langer Kochphase immer noch nicht verkocht.

Doch muss beim Kochen auch auf Allergiker und Vegetarier Rücksicht genommen werden. Die Problematik mit Vegetariern kann man einfach lösen, indem man das Fleisch separat fertigstellt und erst zum Schluss z.B. der Soße hinzufügt, nachdem man vorher entsprechend etwas für die Vegetarier schon herausgenommen hat. Die Problematik mit Allergikern lässt sich je nach Allergie ähnlich lösen, kann allerdings auch soweit führen, dass man ein anderes Essen zubereiten oder kaufen muss.

In dem Beitrag „Kinder in die Küche" kann man lesen, dass Kinder uns immer bei der Zubereitung helfen. Nach dem Essen spült auch jedes Kind sein Geschirr und Besteck selbst ab. Dafür müssen am besten vor dem Essen schon zwei Wannen (wir benutzen immer Waschwannen) aufgestellt werden (eine mit warmen Wasser und Spülmittel und eine mit klarem Wasser zum Nachspülen). Dabei sollte man darauf achten, dass die Kinder nicht zum Klo rennen und dort ihr Geschirr unter dem Wasserhahn waschen. Je nach Personenanzahl und auch Essen sollte man die Spülwannen zwischenzeitlich auswechseln bzw. mehrere aufstellen.

Spüllappen, Tischlappen und andere Tücher und Stoffe, die in der Küche benutzt werden, sollte man täglich abkochen, um die Gefahr durch Keime einzudämmen. Dabei sollten immer alle Tücher gleichzeitig gewechselt werden. Nasse Tücher nicht aufeinander legen, sondern zum Trocken aufhängen.

Essens-Tipps: für ein "besseres" Lager

Vor allem beim Essen und bei den Getränken sollte man auf eine ausgewogene und vor allem empfehlenswerte Ernährung achten. Die Ernährungspyramide bietet dabei bestimmt einen guten Anhaltspunkt - auch schon bei der Lagerplanung. Wenn ich an meine Kindertage zurückdenke, so gab es auf den Lagern immer "Lagerpisse" zu trinken. Dieses Getränk ist ein Instantgetränk (aus Pulver oder kleinen Krümeln). Schaut man dabei auf die Zutatenliste (die nach dem prozentualen Inhalt sortiert ist), so ist der erste Punkt "Zucker" und endet mit "Vitamin C, Zitronenfruchtpulver, Aroma" - dazwischen taucht auch nichts Gesünderes auf. Spätestens jetzt sollte man dieses Getränk von der Getränkeliste streichen. Es mag zwar günstig, gut zu lagern und zu einem bestimmten Grad auch praktisch sein; es ist aber auf jeden Fall auch etwas, was Kinder nicht mehrere Tage hintereinander trinken sollten. Ebenso günstige und auch schmackhafte Getränke sind: Wasser, Apfelsaftschorle, Tee, roter Tee mit O-Saft, Säfte, ...

Beim Frühstück findet man häufig auf den Tischen eine Nuss-Nougat-Creme. Auch die Reduktion dieser auf ein geringeres Maß ist ein guter Schritt hin zu einer besseren Ernährung. Bei mir gehen z.B. regelmäßig die Creme-Gläser beim Frühstück aus - ich muss wohl doch ein sehr schlechter Einkäufer sein. Abends kommen die Creme-Gläser erst gar nicht aus der Kiste. Süße Alternativen dazu sind Marmelade, Müsli und Cornflakes - aber dabei darf man auch nicht wieder auf die Zuckerschocker ausweichen.

Kinder essen nicht nur bei den Mahlzeiten. Kinder essen auch gerne zwischendurch. Normalerweise wird sich dazu an dem eigenen Süßigkeiten-vorrat (mitgegeben von den Eltern) bedient. Aber Alternativen nehmen Kinder gerne und ohne Aufforderung an. In der Nähe des Getränkestandes (Tisch mit Kanistern) steht bei uns immer eine Schale mit (schon gewaschenem) Obst, aus der sich die Kinder jederzeit bedienen dürfen. Am meisten sind wir dabei immer von der Menge des gegessenen Obstes überrascht.

Bei der Essensausgabe oder schon im Topf kann man viele Soßen durch einen einfachen Trick aufpeppen: Soßen haben die Eigenschaft meist zu einem einfarbigen "Brei" zu werden, der durch den Anblick nicht wirklich zum Essen anregt. Soßen sehen appetitlicher aus, wenn man kurz vor dem Servieren ein paar grüne Kräuter (z.B. Basilikum) darüber streut (und danach nicht mehr umrührt).

Regeln für die Ernährung

1. Vielseitig, aber nicht zuviel
Je vielfältiger und sorgfältiger der Speiseplan zusammengestellt wird, desto besser lässt sich eine mangelhafte Versorgung mit lebensnotwendigen Nährstoffen oder eine Belastung durch unerwünschte Stoffe vermeiden. Immer so viel essen, dass es weder zu Über- noch Unterwicht kommt.

2. Weniger Fett und fettreiche Lebensmittel
Zuviel Fett macht fett. Iss weniger Streichfette und bevorzuge fettarme Zubereitungsarten. Achte vor allem auch auf die "versteckten" Fette.

3. Würzig, aber nicht salzig
Kräuter und Gewürze unterstreichen den Eigengeschmack der Speisen. Zuviel Salz übertönt Geschmackseindrücke und kann zur Entstehung von Bluthochdruck beitragen. Wo man auf Salz nicht verzichten kann, verwendet man Jodsalz.

4. Wenig Süßes
Zucker und Süßigkeiten können Karies verursachen und zur Entstehung von Übergewicht beitragen. Außerdem werden bei hohem Zuckerkonsum nährstoff- und ballaststoffreiche Lebensmittel vom Speiseplan verdrängt.

5. Mehr Vollkornprodukte
Vollkornprodukte enthalten günstige Kohlenhydrate, wichtige Ballaststoffe und zusätzliche Vitamine, Mineralstoffe und Spurenelemente.

6. Reichlich Gemüse, Kartoffeln und Obst
Diese Lebensmittel gehören in den Mittelpunkt jeder Ernährung. Iss täglich Frischobst aber auch Gemüse und Kartoffeln. Wähle auch öfter Hülsenfrüchte.

7. Weniger tierisches Eiweiß
Pflanzliches Eiweiß ist wichtig für eine vollwertige Ernährung. Bei den tierischen Eiweißlieferanten sind Fisch, Milch und Milchprodukte besonders wichtig.

8. Trinken mit Verstand
Jeder Körper braucht mindestens 1,5 bis 2 Liter Wasser pro Tag. Bevorzugen sollte man dabei (Mineral-)Wasser, Früchtetee und verdünnte Fruchtsäfte.

9. Öfters kleine Mahlzeiten

Man sollte in fünf kleinen Mahlzeiten essen. Das mindert Leistungstiefs und entlastet die Verdauungsorgane.

10. Schmackhaft und Nährstoff schonend zubereiten

Gegart werden sollte so kurz wie möglich und mit wenig Wasser oder Fett. So bleiben Nährstoffe und Eigengeschmack erhalten.

HERAUSGEGEBEN VON DER DGE
(DEUTSCHEN GESELLSCHAFT FÜR ERNÄHRUNG E.V., WWW.DGE.DE, 2006; Stellenweise gekürzt und angepasst auf die Thematik der Jugendleiter-Küche)

Bewusste und umweltgerechte Ernährung
(von Nadine Sandmeier)

Eine gesunde Ernährung ist vor allem für Kinder wichtig, damit sie optimal heranwachsen können. Dabei sollte man folgende Dinge ebenfalls beachten:

Der Gesundheit zuliebe:
- auf Zuckergehalt achten
- auf den Salzgehalt achten
- nicht mehr essen, als das Körpergefühl sagt
- lieber vollwertige Nahrungsmittel essen
- lieber naturbelassene Produkte kaufen
- gut kauen, denn das hilft besser zu verdauen
- Fertigprodukte mit chemischen Zusatzstoffen vermeiden

Der Umwelt zuliebe:
- Saisongerecht einkaufen (weniger Düngemittel und Chemie)
- Nahrungsmittel der eigenen Region bevorzugen (keine langen Transportwege)
- ökologisch angebaute Lebensmittel bevorzugen
- exotisches vermeiden
- weniger Fleisch essen

Den anderen Menschen und Tieren zuliebe:
Bewusst darüber nachdenken, wie die Lebensmittel hergestellt werden und vor allem wo! Dabei die Nahrungsmittel bevorzugen, die unter menschenwürdigen und tiergerechten Bedingungen produziert werden. Durch den Einkauf in der Region die dortigen Arbeitsplätze sichern.
Und vor allem: Gemeinsam essen!

Mengen-Tabellen

Die folgenden Angaben variieren je nach Alter der Teilnehmer, aber auch der an diesem Tag schon erlebten Aktionen sowie dem Angebot an Zwischenmahlzeiten (Obst, Fruchtsaft, etc.). Nach den ersten 2 Tagen eines Lagers sollte man die Tabellen für das jeweilige Lager entsprechend anpassen. Ebenso müssen dann die Rezepte und die dortigen Mengenangaben überdacht werden.

Frühstück pro Teilnehmer
(von Daniel Seiler)

Brot	75-100g
Butter	30g
Marmelade	60g
Quark	30g
Aufschnitt	30g
Müsli	80g
Milch	2 Tassen (0,4L)

Die Menge an Milch variiert mit dem Teeangebot. Bei süßem Tee (bzw. Tee zum selbst süßen) werden auch 0,5l getrunken

Abendessen pro Teilnehmer
(von Daniel Seiler)

Brot	150g
Wurst	75g
Käse	75g
Tee	2 Tassen (0,4L)
Butter	30g

Mittagessen pro Teilnehmer

Reis/Nudeln

Reis (roh) als Hauptgericht	80g
Reis (roh) als Beilage	40-70g
Nudeln als Hauptgericht	70-125g
Nulden als Beilage	70-90g
Klöße	2 Stück

Kartoffeln

Kartoffeln, ungeschält	225-250g
Kartoffelbrei	160g
Kartoffelsalat	150g

Suppe

Suppe als Vorspeise	200ml
Suppe als Hauptspeise	450ml
Eintopf	350g
Suppeneinlage Reis/Nudeln	15g

Fleisch

Fleisch mit Knochen	150-200g
Fleisch ohne Knochen	100-150g
Fleisch, gebraten	150g
Schnitzel	150g
Gulasch	80-110g
Frikadelle	80-110g
Hackfleisch	ca. 80-120g
Geflügel	150-250g

Salat & Gemüse

Blatsalate	50g
Gurke	eine für 6 Teilnehmer
Gemüsesalate	110g
Gemüse als Beilage, frisch	200-250g
Gemüse als Beilage, TK	150g
Rohkost	100-150g

Süßspeisen

gekochte Creme	125ml Flüssigkeit
Gelee	125ml Flüssigkeit
Quark mit Obst	100-160g

Weiteres

Soßen	125ml
Getränke	500ml
Fischfilet	150-200g

Sprüche und Gebete zum Essen

Gebete

Bei religiös veranlagten Vereinen gehört das Beten vor und nach dem Essen zur Tradition. Die Tischgebete sollten dabei variiert werden, so dass beim Beten keine Langeweile entsteht. Am besten machen sich dabei Tischgebet-Vorlagen, von denen man zahlreiche im Anhang zum Artikel "Tischgebete" im Gruppenstunden-Ideen-Katalog unter der Id 2593 findet. Wer etwas geübter ist, wird schnell die Gebete frei auf das Erlebte oder das Bevorstehende umformulieren können und so das Beten noch intensiver machen.

Sprüche

Um den Anfang des Essens und auch das Ende (dann darf jeder aufstehen) für jeden verständlich zu machen und auch um nochmal dabei die ganze Situation aufzulockern werden bei vielen Vereinen dazu Sprüche verwendet. Zudem können dabei wie bei den Tischgebeten auch Ankündigungen noch angeschlossen werden. Einige Beispiele findet man im Folgenden.

Spruch von Daniel Wißemann:

"Guten Appetit, alle essen mit. Kille, Kille, Kille"
Bei "Kille, Kille, Kille" kitzelt jeder seinen Nachbarn.

Spruch-Gebet von Birgit Hagenkamp

Diesen Spruch benutze ich immer mit meinen Gruppenkindern (sogar die älteren machen da immer wieder gerne mit), dazu fassen wir uns an die Hände und bewegen sie dabei immer rythmisch mit:

Piep, piep, piep,
wir ham uns alle lieb,
jeder esse was er kann,
nur nicht seinen Nebenmann.
Heute nehm wir´s ganz genau,
auch nicht seine Nebenfrau,
hat er sie dann doch gefressen,

Zähneputzen nicht vergessen.
Piep, piep, piep,
wir ham uns alle lieb.
Wir wünschen uns einen guten Appetit
mit Gottes Segen.

Spruch von Andre Niemann

Zu Beginn und zum Ende einer Mahlzeit eignet sich folgendes "Singspiel" bzw. folgender Spruch für Kinder und Jugendliche.

gemeinsamer Beginn

Eine(r) beginnt und ruft: "Alle Mann" und die Gruppe antwortet: "ran", wieder Eine(r): "haut" und die Gruppe antwortet: "rein" usw.

Eine(r)	Alle
1. Alle Mann	1. ran
2. haut	2. rein
3. aber	3. feste
4. jeder esse, was er kann	4. nur nicht seinen Nebenmann
5. und wir nehmen(s) ganz genau	5. auch nicht seine Nebenfrau
6. Guten	6. Appetit

Nach "Guten Appetit" schlagen dann alle zuerst mit beiden Ellenbogen und dann mit beiden Fäusten auf den Tisch und klatschen einmal in die Hände und los geht es mit dem Essen.

Tipp: Bei der Spielerklärung darauf hinweisen, Teller, Tassen, Besteck usw. nicht zu treffen. Die Teilnehmer versuchen mit Begeisterung, das Geschirr hüpfen zu lassen.

gemeinsames Ende

Nach dem Zusammenstellen der Teller beendet dann folgender Spruch das Essen. Gleiche Vorgehensweise wie oben:

Eine(r)	Alle
1. Gut wars	1. prima
2. ein trullala für	2. (Name Koch bzw. Kleingruppe)
3. Es hat	3. geschmeckt

Nach "es hat geschmeckt" mit der Hand eine Siegerfaust ballen und "Yeah" brüllen. Bei mehr Köchen entsprechend mehr trullalas einfügen und auf die Reihenfolge einigen.

Gebete von Eva Wünschel

Im Namen des Vaters und des
Sohnes und des heiligen Geistes.
Das Brot vom Korn,
das Korn vom Licht,
das Licht aus Gottes Angesicht.
Die Frucht der Erde
aus Gottes Schein,
lass' Licht auch werden
im Herzen mein.
Amen

Im Namen des Vaters und des
Sohnes und des heiligen Geistes.
Jedes Tierlein hat zu essen,
jedes Blümlein trinkt von Dir.
Hast auch uns nicht vergessen,
lieber Gott,
hab' Dank dafür.
Amen

Rezepte

SALATE & SALATSOßEN

Salate sind einfach!

Auch bei größeren Mengen ändert sich bei der Salatzubereitung und auch Lagerung nichts im Vergleich zu der gewohnten Zubereitung und Lagerung von Zuhause. Vor allem bei größeren Gruppen bietet es sich an, ein Salat-Büffet aufzubauen, um Problemen wie "Ich esse keine Gurken" oder "Ich mag keine Joghurt-Soße" und anderen Vorlieben aus dem Weg zu gehen.

Salatsoße
für 10 Personen

1 saure Sahne
1 Schmand
190ml Milch
1,5 EL Öl
0,5 EL Essig
0,5 TL Salz
0,5 TL Pfeffer
ca. 2-3ml Salatkräuter

eventuell mit Senf oder Sojasauce abschmecken

Feldsalat
von Christian Mehler

Personen: 10
Dauer: 15 Minuten

Zutaten:
750g Feldsalat
2,5 kleine Zwiebel
2,5 TL Zucker
7,5 EL Zitronensaft
15 EL Öl

Gewürze:
0,75 TL Salz
2-3 Prisen weißer Pfeffer

Zubereitung:
Feldsalat mehrmals waschen und schlechte Blätter etc. entfernen. Die Wurzelansätze kürzen ... aber nur so, dass die Pflänzchen zusammenbleiben. Den Feldsalat trockenschleudern.

Für die Sauce die Zwiebel schälen und in sehr kleine Würfel schneiden. Das Salz, den Pfeffer, den Zucker, die Zwiebelwürfel, den Zitronensaft und das Öl miteinander verrühren und abschmecken. Die Sauce über den Feldsalat gießen und unterheben.

Gurkensalat mit Joghurt
von Nadine Sandmeier

Personen: 10
Dauer: 20 Minuten

Zutaten:
2 Salatgurken
300g Vollmilchjoghurt
2 TL Zitronensaft
2 EL Öl
2 TL Senf

Gewürze:
Salz und Pfeffer
6 EL gehackte Kräuter (Dill, Petersilie oder Minze)
ggf. Knoblauchzehe

Zubereitung:
Alle Zutaten in einer großen Schüssel verrühren. Anschließend die Salatgurke hobeln oder in Würfel schneiden und alles mit der Soße verrühren. Wer mag, kann noch zwei ausgedrückte Knoblauchzehen zugeben.

Kartoffelsalat
von Christian Mehler

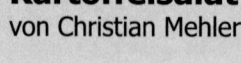

Personen: 10
Dauer: 30 Minuten

Zutaten:
1500g Pellkartoffeln
250ml Brühe
2 Zwiebeln
6 EL Essig
6 EL Öl

Gewürze:
Petersilie
Salz
Pfeffer

Zubereitung:
Die Kartoffeln kochen, pellen und in Scheiben schneiden. Die Brühe, Essig, Salz und Pfeffer erhitzen und Öl darunter schlagen. Über die Kartoffeln geben und ziehen lassen. Zum Schluss mit Zwiebelringen und Petersilie bestreuen.

Tipp:
Schöne gleichmäßige Kartoffelscheiben kann man erhalten, wenn man die gekochten Kartoffeln mit einem Eierschneider schneidet.

Kräuterquarksoße
von Christian Mehler

Personen: 10
Dauer: 15 Minuten

Zutaten:
300g Magerquark
2 Tassen Milch
4 EL süße oder saure Sahne
2 Knoblauchzehen
2 EL Schnittlauchröllchen
2 EL gehackte Petersilie
2 TL gehackter Estragon
einige Blätter Zitronenmelisse

Gewürze:
4 Messerspitzen Salz

Material:
Knoblauchpresse

Zubereitung:
Den Quark mit der Milch und der Sahne verrühren. Die Knoblauchzehe hacken und mit dem Salz zerdrücken. Die gehackten Kräuter und den zerdrückten Knoblauch unter die Quarkcreme rühren.

Bemerkung:
Diese Soße eignet sich besonders für Blatt- und Gurkensalat, kann aber auch als Dipp für z.B. Folienkartoffeln benutzt werden.

Essbares Geschirr

Kartoffelstärke, Backpulver, Guarkernmehl und Zucker miteinander vermengen. Bis eine gleichmäßig zähe Masse entsteht, Wasser hinzugeben. Das Ganze in ein eingefettetes Waffeleisen füllen und backen.

HAUPTMAHLZEITEN

Hauptmahlzeiten: Es geht auch anders!

Bei der folgenden Auswahl an Rezepten wurde versucht, Standardrezepte, die jeder aus dem FF von zu Hause kochen kann, nicht aufzunehmen. Stattdessen wurde auf gesunde und nahrhafte Zutaten geachtet und die Gefahr von Allergien sollte relativ gering gehalten sein ... und natürlich, dass es schmeckt und im Lager ohne große Kocherfahrung zu kochen ist.

Je nachdem, wie schnell das Koch-Wasser bzw. der Topf oder die Pfanne heiß wird, können die angegebenen Zeiten stark schwanken. Nach den ersten Tagen sollte man aber ungefähr wissen, ob die angegebenen Zeiten mit den eigenen übereinstimmen. Allgemein ist es aber meist besser, zu früh anzufangen als hungrige Kinder am Tisch sitzen zu haben.

Zutaten für das essbare Geschirr:

45g Kartoffelstärke
ca. 0,50g Backpulver
1,5g Guarkernmehl
5-10 g Zucker
50ml Wasser

Variation:

Lebensmittelfarbe zum Wasser vor dem Verrühren mit den anderen Zutaten hinzugeben.

Blumenkohl-Brokkoli-Gemüse
von Unbekannt

Personen: 10
Dauer: 90 Minuten

Zutaten:
1900g Blumenkohl
1000g Brokkoli
500g Möhren
500g gekochter Schinken
100g Butter
100g Mehl
600-1250ml Sahne bzw. Milch
300-325g Käse

Gewürze:
Salz
Pfeffer
Kräuter nach Belieben

Zubereitung:
Den Strunk des Blumenkohls herausschneiden und sowohl die fest anliegenden größeren als auch die kleineren Blätter entfernen. Den Kopf in Röschen zerteilen, waschen und abtropfen lassen.

Den Brokkoli waschen und abtropfen lassen. Blätter entfernen, die Röschen vom dicken Strunk trennen, Stiele etwas kürzen, kreuzweise einschneiden und nur die Stiele schälen.

Die Möhren putzen und klein würfeln. Schinken in Streifen schneiden. Salzwasser in einem großen Topf zum Kochen bringen und Blumenkohlröschen darin 3 Minuten garen. Dann die Möhrenwürfelchen und Brokkoliröschen zugeben und zusammen weitere 7 Minuten garen. Abgießen und abtropfen lassen.

Den Ofen auf 200°C vorheizen, die Butter in einem Topf zergehen lassen, das Mehl zugeben und hell anschwitzen. Mit Sahne und Milch aufgießen, ständig rühren und 3 bis 4 Minuten köcheln lassen. Den Käse unterrühren. Würzen und 2 bis 3 Minuten köcheln lassen.

Das Gemüse in eine Auflaufform geben, mit dem Schinken bestreuen und mit der Käsesauce übergießen. Im Ofen (Gas 3; Umluft 180°C) etwa 15 Minuten knusprig backen.

Bemerkung:
Insgesamt ist der Zeitaufwand (ohne Backen) etwas mehr als 45 Minuten (mit 7 Kindern), so dass man schon 90 Minuten für diese Gruppenstunde einplanen sollte.

Eierspätzle
von Unbekannt

Personen: 10
Dauer: 20 Minuten

Zutaten:
1250g Mehl
12 Eier
2,5 Tassen lauwarmes Wasser

Material:
Spätzlereibe
Schaumkelle

Gewürze:
2,5 TL Salz

Zubereitung:
Alle Zutaten in eine Schüssel geben und zu einem glatten geschmeidigen Teig verrühren. Sollte der Teig zu fest erscheinen, noch etwas Wasser hinzufügen. Der Teig sollte sofort verbraucht werden, da die Nudeln sonst zäh werden.

Nun einen Topf mit Salzwasser aufsetzen. Der Teig wird per Küchenbrett ins sprudelnde Wasser mit einem Messer geschabt oder mit einer Spätzlereibe. Die Spätzle werden mit einer Schaumkelle aus dem Wasser geholt, wenn sie oben schwimmen.

Gesunder Döner
von Thomas Hoeft

Personen: 10
Dauer: 40 Minuten

Zutaten:
1250-1750g Fladenbrot (1/4 Fladenbrot pro Person)
200g Endiviensalat
500g Tomaten
500g Gurke
100g Gewürzgurke
500g Paprika (rot oder gelb)
250g Soße (Zaziki ähnlich) aus Joghurt
1500g Putenfleisch
10g Öl zum Anbraten
etwas Zitronensaft

Gewürze:
Schnittlauch
Petersilie
Paprikapulver
Pfeffer
Salz

Zubereitung:
Fleisch in feine Stücke schneiden, würzen und in einer Pfanne anbraten.
Die Fladenbrote mit dem gewaschenen und geschnittenem Gemüse und dem Fleisch füllen. Die Soße aus Joghurt und den Gewürzen herstellen und über die gefüllte Brottasche geben.

Bemerkung:
Viele Kinder und Jugendliche essen für ihr Leben gerne Döner. Nur ist der Döner, den man an Fastfood-Buden kaufen kann, viel zu fettreich. Daher ist dies eine echt gesunde Alternative und auch für viele Personen leicht zuzubereiten. Vor allem kann man viele Personen dabei beschäftigen.

Hamburger
von Corinna Ehlert

Personen: 10
Dauer: 20 Minuten

Zutaten:
1500g Hackfleisch (vom Rind)
10 Hamburgerbrötchen
5 Zwiebeln
5 Essiggurken, fein gewürfelt
5 TL Senf
10 EL Öl
5 Tomaten, in Scheiben geschnitten
20 Blätter grüner Salat
20 EL Ketschup

Gewürze:
Salz
Pfeffer

Zubereitung:
Eine Zwiebel in Ringe, die andere Zwiebel fein in Würfelform schneiden. Das Hackfleisch mit der fein gewürfelten Zwiebel, den Gurken, Salz und Pfeffer verkneten. Die Masse zu vier Frikadellen formen und in einer Pfanne in heißem Öl kräftig anbraten.

Die Hamburgerbrötchen in der Mitte durchschneiden und nach Geschmack leicht toasten oder im Backofen knusprig aufbacken. Jede Hälfte mit Ketschup bestreichen und je eine Frikadelle zwischen den beiden Hälften mit Salat, den Zwiebel- und Tomatenringen anrichten.

Bemerkung:
Ist bei uns inzwischen Tradition geworden, dass am letzten Abend im Lager Hamburger gemacht werden!

Hartweizengrießnudeln
von Unbekannt

Personen: 10
Dauer: 30 Minuten

Zutaten:
1200-1300g Hartweizengrieß
10 Eier

Gewürze:
2,5 TL Salz
etwas Öl

Material:
Nudelholz

Zubereitung:
Alle Zutaten in eine Schüssel geben und mit den Händen etwa 20 Minuten gut durchkneten bis der Teig glatt und glänzend ist. Je länger man den Teig knetet, umso geschmeidiger wird er. Ist der Teig zu fest, wird tropfenweise Öl oder Wasser hinzugefügt. Ist er zu weich, noch etwas Grieß unterkneten.
Nach 20 Minuten Ruhezeit wird der Teig portionsweise mit einem Nudelholz dünn ausgerollt und anschließend ca. 10 Minuten trocknen gelassen. Nun wird der Teig mit einem Messer in Streifen geschnitten und in kochendem Salzwasser gekocht. Je nach Größe und Dicke brauchen die Nudeln 1 bis 3 Minuten.

farbige Hatweizengrießnudeln:
grüne Nudeln:
je nach Geschmack und gewünschter Intensität der Farbe 250 bis 500g Spinat (frisch oder tiefgekühlt) mitkneten.

grün-gesprenkelte Nudeln:
10 bis 13 EL fein gehackte Kräuter (Petersilie, Estragon, Thymian, Basilikum, Majoran) mitkneten

rote Nudeln:
170 bis 200g Tomatenmark oder 4 bis 8 EL pürierte Rote Bete mitkneten

orange Nudeln:
5 bis 8 El gekochte und pürierte Möhren mitkneten

gelborange Nudeln:
5g Safran oder 3 TL Kurkuma mitkneten

schwarze Nudeln:
50ml Sepia-Tinte (gibt es in Feinkostgeschäften) mitkneten

Kartoffelpuffer
von Christian Mehler

Personen: 10
Dauer: 20 Minuten

Zutaten:
2,5kg fest kochende Kartoffeln
2,5 große Zwiebeln
5 Eier
1200g Apfelmus (oder mehr)
Öl oder Butterschmalz

Gewürze:
1,5 TL Salz

Zubereitung:
Die gewaschenen Kartoffeln schälen und mit einer Küchenreibe klein reiben. Die Zwiebeln abziehen und dazu reiben. Die Eier unter Rühren hinzufügen. Das Ganze mit Salz abschmecken.
Fünf EL Öl oder ein großes Stück Butterschmalz auf mittlerer Stufe in einer beschichteten Pfanne erhitzen. Wenn das Fett heiß ist, einen Esslöffel Teig (oder mehr - je nach Größe der Pfanne) in die Pfanne geben und zu einem Puffer flach streichen. Nach ca. 3 Minuten ist die Unterseite knusprig braun gebraten, dann umdrehen und ebenfalls knusprig braun braten lassen.
Zusammen mit dem Apfelmus servieren.

Käse-Sahne-Sauce für Tortellini

von Dunja Schug

Personen: 10
Dauer: 40 Minuten

Zutaten:
1,9L Sahne
10 Käseecken Sahne-Schmelzkäse (od. 2 Pack. Milkana Sahnekäse)
1-1,5 Zwiebeln
1-1,5 Bund Petersilie
350-400g gekochten Schinken
1250g Tortellini

Zubereitung:
Gewürfelte Zwiebel glasig braten und währenddessen den Schmelzkäse vorsichtig auf kleiner Flamme und unter Rühren in der Sahne auflösen. Dann die Zwiebeln, den kleingeschnittenen Schinken und die gehackte Petersilie hinzufügen und das Ganze einmal kurz aufkochen.

Die Tortellini werden, wie auf der Packung beschrieben, zubereitet. Fertig gekochte Tortellini zum Schluss noch mit der Sauce verrühren.

Käse-Tomaten-Frikadellen
von Christian Mehler

Personen: 10
Dauer: 40 Minuten

Zutaten:
2-3 Brötchen vom Vortag
2-3 Zwiebeln
1250g gemischtes Hackfleisch
625g Mozzarella-Käse
15 kleine Kirschtomaten
2,5 Ei

Gewürze:
2-5 EL Ajvar (würzige Paprikapaste)
Salz
Pfeffer

Zubereitung:

Brötchen in kaltem Wasser ca. 10 Minuten einweichen. Zwiebeln schälen und in feine Würfel schneiden. Brötchen gut ausdrücken. Hack mit Brötchen, Zwiebelwürfeln, Ei und Ajvar verkneten. Hackmasse mit Salz und Pfeffer würzen.

Aus der Hackmasse mit angefeuchteten Händen 30 Frikadellen formen. Ein Backblech mit Backpapier auslegen. Frikadellen darauf legen und im vorgeheizten Backofen ca. 20 Minuten backen (E-Herd 200°C, Umluft 175°C, Gas Stufe 3).

Den Mozzarella abtropen lassen und in 30 Scheiben schneiden. Ca. 5 Minuten vor Ende der Garzeit jede Frikadelle mit 1 Scheibe Käse belegen. Tomaten waschen und halbieren. Frikadellen aus dem Ofen nehmen und mit Tomaten belegen.

Dazu passt gut Kartoffelsalat.

Käsespätzle
von Niki Fink

Personen: 10
Dauer: 30 Minuten

Zutaten:
850g getrocknete Spätzle
300g geriebener Käse
2 Zwiebeln

Gewürze:
Salz
Pfeffer
Petersilie

Zubereitung:
Wasser mit etwas Salz im großen Topf zum Kochen bringen. Spätzle kochen und abgießen.
Zwiebeln schälen und kleinhacken. Die kleingehackten Zwiebeln mit etwas Öl anbräunen. Diese zu den gekochten Spätzeln in den großen Topf schütten. Den geriebenen Käse darüber geben und schmelzen lassen. Das Ganze mit Salz, Pfeffer und Petersilie abschmecken.

Wichtig:
Das Wasser frühzeitig aufsetzen. Wenn nötig, die Spätzle auf 2 Töpfe aufteilen. Das erleichtert das Umrühren und Würzen.

Mafias Rache
von Anne Köhler

Personen: 10
Dauer: 40 Minuten

Zutaten:
1500g Hackfleisch
2-4 Baguettes oder Toasts
500g Käse
2 Becher Crème fraîche
2 Becher Schmand
2 Flaschen Zigeunersoße (ca. 300ml oder mehr)

Gewürze:
Gewürze nach Belieben für das Gehackte (Salz, Pfeffer, etc.)

ansonsten je nach Belieben:
Champignons, Ananas, Zwiebel, Spargel, Oliven, Paprika, Tomate, Mais, rote Bohnen, etc.

Zubereitung:
Das Gehackte wird gewürzt und auf dem Blech verteilt. Danach belegt man es wie eine Pizza nach Belieben mit allen Zutaten und verteilt darauf das Gemisch aus Schmand, Crème fraîche und Zigeunersoße. Alles mit Käse bedecken und eine Dreiviertelstunde im Ofen überbacken. Dazu reicht man Toast oder Baguette.

Bemerkung:
Ich habe es selber mal bei einem Freund gegessen und es war sehr nahrhaft. Habe es später selber einmal ausprobiert und weiß, dass es sehr wenig Arbeit macht. Deswegen denke ich, dass es sich gut für Feiern, etc. eignet. Habe aber leider kein Bild. Sieht so aus wie Pizza ohne Teig.

Nudeln mit Tomatensoße
von Niki Fink

Personen: 10
Dauer: 40 Minuten

Zutaten:
1250g Nudeln
625g pürierte Tomaten
1 Dose Pizzatomaten
1 Dose geschälte Tomaten
1 Dose Tomatenmark
125ml Sahne
1,5 Zwiebeln
etwas Knoblauch
Öl

Gewürze:
Pfeffer
Kräutersalz
Ital. Gewürze
Oregano
Basilikum
Salz

Zubereitung:
Das Wasser mit etwas Salz im großen Topf zum Kochen bringen. Die Nudeln köcheln lassen.

Zwiebeln und Knoblauch schälen und kleinhacken. Die kleingehackten Zwiebeln und das Knoblauch mit etwas Öl leicht anbräunen.

Die pürierten Tomaten und Pizzatomaten dazugeben und mit Gewürzen abschmecken.

Wichtig:
Das Wasser frühzeitig aufsetzen. Bis das Wasser kocht, kann die Soße gemacht werden.

Paella
von Julia Ständer

Personen: 10
Dauer: 40 Minuten

Zutaten:
1 große Zwiebeln
500g Tomaten
1 Stangen Lauch
1 TL Olivenöl
850g Parboiledreis oder Naturreis
0,5-1 Brühewürfel
1 Zucchini
1-2 Paprika
1 Dose Erbsen und Karotten
1 Döschen Schrimps oder 50g Sonnenblumenkerne

Gewürze:
Knoblauch
1/8 TL Sambal Olek
(asiatische Gewürzmischung)
Salz
1/16 TL Curcuma
Kräuter der Provence
Rosmarin oder Thymian

Zubereitung:
Die Zwiebeln mit den Tomaten und dem Lauch in Öl andünsten. Den Reis und einige Liter Wasser dazugeben und köcheln lassen. Das Knoblauch, die Brühwürfel, die Gewürze, die Kräuter und das restliche Gemüse klein-geschnitten hinzufügen.

Das Dosengemüse mit den Schrimps als letztes dazugeben. Immer umrühren und darauf achten, dass genügend Wasser vorhanden ist!

Bemerkung:
Für VegetarierInnen: Statt der Schrimps die Sonnenblumenkerne gleichzeitig mit dem Gemüse hinzufügen!

Pikantes Fladenbrot
von Nadine Sandmeier

Personen:	10
Dauer:	40 Minuten

Zutaten:
1,5 Fladenbrot
600g Schmand
150g Salami
150g Kochschinken
3 grüne Paprikaschoten
6 Tomaten
300g Champignons
1,5 Zwiebeln
300g geriebener Käse (z.B. Gauda)

Gewürze:
Salz
Pfeffer
etwas Kräutersalz

Zubereitung:
Schneide das Fladenbrot quer durch. Bestreiche beide Brothälften mit Schmand und streue Salz und Pfeffer darauf. Schneide Salami und Kochschinken in Würfel. Wasche Paprika, Tomaten und Champignons und schneide sie in feine Scheiben oder Streifen.

Schäle die Zwiebel und schneide sie in Ringe. Belege die Fladenhälften gleichmäßig mit Salami- und Schinkenwürfeln, Paprikastreifen, Tomaten- und Champignonscheiben sowie den Zwiebelringen. Streue etwas Kräutersalz auf die belegten Brothälften und verteile den Käse darüber.

Lege die Fladenbrote auf ein Backblech, das du vorher mit Backpapier ausgelegt hast. Schiebe das Backblech auf die mittlere Einschubleiste des Backofens und backe die Brote 20 Minuten bei 200°C.

Pizza-Brötchen
von Christian Mehler

Personen: 10
Dauer: 20 Minuten

Zutaten:
500g Schinken
500g Salami
500g Paprika
500g Pilze
500g geriebener Käse
500g Sahne
25 Brötchen oder Baguette

Gewürze:
Salz
Pfeffer
Paprika
verschiedene Kräuter

Zubereitung:
Schinken, Salami, Paprika und Pilze klein schneiden, Käse und Sahne untermischen, mit Pfeffer, Paprika und Pizzagewürz abschmecken. Brötchen aushölen oder Baguette damit bestreichen und 10 Min. im vorgeheizten Backofen bei 175 bis 200°C überbacken.

Bemerkung:
Vor allem Kinder essen davon auch gerne mal ein paar mehr! Bedenkt das bisherige Essverhalten der Kinder. Kann man aber auch noch später kalt essen.

Risi Bisi
von Ulrike Schneider

Personen: 10
Dauer: 55 Minuten

Zutaten:
125g durchwachsene(r) Speck(-Würfel)
2,5 Zwiebel
2,5 Bund Petersilie
10 EL Butter
750g TK Erbsen oder aus der Dose
2,5L Fleischbrühe(-Würfel)
600g Risottoreis
150g Parmesan, frisch gerieben

Gewürze:
Salz
Pfeffer

Zubereitung:
Zwiebel schälen und würfeln, ebenso den Speck, falls keine Speckwürfel gekauft wurden.

Die Petersilie waschen, trockenschütteln und die Hälfte davon fein hacken. In einem Topf die Butter zergehen lassen. Die Speck- und Zwiebelwürfel und die gehackte Petersilie unter Rühren bei schwacher Hitze anbraten.

Die Erbsen aus der Packung in den Topf schütten (bei Dosenerbsen vorher Wasser abgießen) und etwa 0,7 Liter der Fleischbrühe angießen und erhitzen. Bei schwacher Hitze 5 Minuten im offenen Topf garen.

Die restliche Fleischbrühe angießen und zum Kochen bringen. Den Reis einstreuen und bei schwacher Hitze unter sehr häufigem Rühren etwa 25 Minuten ausquellen lassen.

Die restliche Butter und die Hälfte vom geriebenen Parmesan unter das Risotto mischen. Mit Salz und Pfeffer abschmecken. Die restliche Petersilie jetzt waschen, trockenschütteln und hacken und darüberstreuen. Den restlich geriebenen Parmesan in einer kleinen Schüssel zum "Darüberstreuen auf Wunsch" auf den Tisch stellen.

Spaghetti mit Speck-Eier-Soße
von Ulrike Schneider

Personen: 10
Dauer: 40 Minuten

Zutaten:
7 Knoblauchzehen
375g durchwachsener Räucherspeck
(gibt es schon gewürfelt zu kaufen)
10L Wasser
3,5-4 TL Salz
Öl (am besten Olivenöl)
1250g Spaghetti
7 Eier
125g Pecorino Schafskäse (frisch gerieben) oder wahlweise frisch geriebener Parmesankäse (es geht aber auch geriebener Emmentaler, wenn die anderen Sorten zu teuer oder zu schwierig zu beschaffen sind)

Gewürze:
Salz
weißer Pfeffer

Zubereitung:
Den Knoblauch schälen und mit einer Gabel zerdrücken. Falls man keinen bereits gewürfelten Räucherspeck gekauft hat, diesen auch klein würfeln.
In einem großen Topf das Wasser mit dem Salz und einem Schuss Öl zum Kochen bringen.
In einer Pfanne etwas Öl erhitzen. Unter ständigem Rühren den Knoblauch darin sehr vorsichtig goldbraun anbraten und mit einer Gabel dann herausfischen, Öl (jetzt Knoblauchöl) drinlassen. Dann die Speckwürfel in derselben Pfanne mit dem "Knoblauchöl" knusprig braten und warm halten.
Die Spaghetti "al dente" (bissfest) kochen. Inzwischen die Eier mit dem Käse in einer Schüssel mit einem Schneebesen gut verrühren und mit Salz und Pfeffer abschmecken. Die Spaghetti abschütten und gut abtropfen lassen, dann in eine große Schüssel geben.
Die Speckwürfel mit dem Knoblauch-Specköl über die Spaghetti geben und gut vermengen.
Jetzt die Ei-Käsemasse darübergießen und ebenfalls gut vermengen, bis alle Spaghetti mit der Eiercreme überzogen sind. Sofort und heiß essen.

Bemerkung:
Keine Reste aufbewahren, da rohe Eier verwendet wurden (Salmonellengefahr)!
Zur Garnierung evtl. etwas Petersilie darüber streuen.

SubDrauf (Brot-Baukasten)
von Christian Mehler

Personen: beliebig
Dauer: 60 Minuten

Grundprinzip:
Nach einer Idee aus einem Heft von "Gut Drauf" (www.gutdrauf.net), kann man sich sein eigenes Schnellrestaurant mit belegten Broten auch auf einem Lager machen. Da ich das Ganze für Kinder für einen riesigen Spaß halte, wenn diese das Essen von den Betreuern zubereitet bekommen. Gleichzeitig werden die Grundprinzipien von "Gut Drauf" vermittelt. Ich habe das Ganze etwas erweitert. Alle Punkte können auf das Lager zugeschnitten werden. Dieses Essensprinzip habe ich 2006 im Sommerlager durchgeführt und vor allem durch die Wahl der verschiedenen Brotsorten aßen zahlreiche Kinder etwas mehr.

Speiseraum:
normale Tische zum Essen (oder an das Thema angepasst)
Eine Tischreihe als Theke, hinter der die Betreuer stehen und die Bestellungen abarbeiten.

Vorbereitung:
Bestellzettel zum Ankreuzen machen oder die Kinder per Fragen durch den Ablauf leiten.
Entsprechendes Essen kaufen, waschen, schneiden (am besten mit den Kindern zusammen).

Start (zum Beispiel für Piraten):
"Herzlich Willkommen in unserem PiraWay für Piraten. Hier bekommen Sie die Kraft, um weitere Boote entern zu können, Seeungeheur zu töten und Meer zu bändigen. Bitte wählen Sie selbst, was sie möchten. Unser Team von ausgebildeten Piratenesshelfern steht Ihnen gerne mit Rat und Tat zur Seite. Sollte eine Zutat aus sein, so haben Sie bitte dafür Verständnis, dass wir nicht alle sieben Weltmeere in Aufruhr versetzen werden, um diese Zutat zu bekommen. Bitte entscheiden Sie sich dann um! Bei jeder Frage dürfen Sie mehr wie eine Antwort wählen."

Fortsetzung von SubDrauf
von Christian Mehler

Fragen:
1. Frage:
Welches Brot?
- Vollkornbrot
- Knäckebrot
- Vollkorntoast

2. Frage:
Welchen Aufstrich wünschen Sie?
- Butter
- Margarine
- Magerquark
- Pesto
- Tomatenmark
- Senf

3. Frage:
Welchen Belag wünschen Sie?
- Bannane
- Apfel
- Schinken
- Salami
- Rote Beete
- Käse
- Ei
- Marmelade

4. Frage:
Welchen Salat wünschen Sie?
- Radieschen
- Kohlrabi
- Sellerie
- Mais
- Tomaten
- Paprika
- Salatblatt
- Möhren

- Kräuter
- Körner
- Peperoni
- Gurke
- Pilze

5. Frage:
Wünschen Sie Salz und Pfeffer?

6. Frage:
Welche Soße wünschen Sie?
- Essig und Öl
- Kräutercreme (mit viel Milch anrühren, dann Soße)
- Curry-Ananas-Sahne-Soße
- Knoblauch-Soße

"Wir wünschen Guten Appetit!"

Zitronennudeln
von Unbekannt

Personen: 10
Dauer: 30 Minuten

Zutaten:

1250g Vollkorn-Bandnudeln
10 unbehandelte Zitronen (oder Zitronenschalen-Aroma aus dem Reformhaus)
etwas Zitronensaft
625ml Sahne

Gewürze:

5 TL Meersalz

Zubereitung:

Wasser und Salz zum Kochen bringen (ca. 12 Liter), die Nudeln dazugeben und ab und zu umrühren. Die Nudeln 10 Minuten kochen lassen.

Inzwischen wäscht man die Zitrone warm ab und trocknet diese. Nun reibt man die Schale ab (Geht am besten, indem man zwischen Schaber und Zitrone Pergamentpapier legt). Zudem erhitzt man die Sahne und würzt diese.

Ein bisschen Zitronensaft und die Schale gibt man nun in den Nudel-Kochtopf. Nach kurzer Zeit gießt man die Nudeln ab und lässt diese abtropfen. Nun vermischt man noch die Nudeln mit der Sahne und ... es schmeckt.

Stockbrot

Zutaten für ca. 10 Stück:

1 kg Mehl
2 Pk. Backpulver
3 TL Salz
150g Butter
500ml kalte Milch

Variation:
Stockbrot-Teig kann auch mit Zucker oder mit diversen Kräutern und Gewürzen gemacht werden. Dazu passen alle möglichen Dips.

Alles zusammen kneten, dabei langsam die Milch zugeben. Den Teig fingerdick ausrollen. Auf einen Stock (Ast vom Baum mit mind. 2 cm Durchmesser, Rinde abschälen) spiralförmig winden, so dass auch die Astspitze völlig bedeckt ist. (Lass genügend Abstand beim Wickeln, sonst gibt es Probleme mit dem Durchbacken).

Wie muss das Lagerfeuer für Stockbrot sein?
Stockbrot gelingt um einiges besser, einfacher und schneller, wenn man das Lagerfeuer soweit abbrennen lässt, dass man nur noch heiße Kohlen (Glut) und keine Flammen mehr hat. Und ist dann auch gleich gesünder, da keine schwarzen, verbrannten Stellen mehr so schnell entstehen können.

LAGERFEUER-ESSEN

Highlights des Lagers

Egal ob Stockbrot, Schalenkartoffel oder eins der anderen folgenden Gerichte: Essen aus und am Lagerfeuer ist eigentlich immer ein Highlight eines jeden Lagers. Entsprechend organsiert als "Lagerfeuer-Stimmungs-Abend" mit kleinen Spielen und Gesang ist es etwas, dass vor allem an den ersten Tagen dazugenutzt werden kann, die Gruppe zusammenzuführen und einheitlich zu formen. Auch in den späteren Erinnerungen an das Lager sind solche Abende schnell zu finden.

Maroni braten
von Cornelia Steinmann

Personen: 10
Dauer: 20 Minuten

Zutaten:
1250g Maroni, ungeschält

Material:
Altes Backblech oder Kochkesseldeckel
Tücher etc. als Pfannenheber
Messer

Zubereitung:

Maroni (Esskastanien) auf der runden Seite bis aufs Fleisch einschneiden. Wenn ihr das nicht macht, "explodieren" sie. Auf ein Blech geben und rösten. Gelegentlich wenden.
Die Garzeit variiert je nach Sorte, Größe und der Stärke eurer Glut. Sie liegt im Schnitt zwischen 15 bis 25 Minuten. Wenn die Maroni gar sind, lassen sie sich problemlos schälen.

Natürlich geht das Ganze auch im Backofen. Bei ca 200 Grad und Umluft 15 bis 20 Minuten.

Bemerkung:

Wenn ihr euch mit den Sorten nicht auskennt, im Laden kaufen und nicht selber sammeln! (Die meisten werden zwar sowieso keine Esskastanienbäume in ihrer Nähe haben, aber sicher ist sicher.)
Passt auf eure Finger auf, man verbrennt sich beim Wenden der Maronen gern am Blech. Ein Kanister mit Wasser neben dem Feuer ist immer eine gute Idee.
Wenn man die Maronen vorher eine Stunde in Wasser einlegt, kann man diese besser schälen.

Schalenkartoffeln
von Cornelia Steinmann

Personen: 10
Dauer: 20-40 Minuten

Zutaten:
10-20 Kartoffeln
(Zutaten für Dips, Salate etc.)

Material:
evtl. Alufolie

Zubereitung:
Schalenkartoffeln sind kinderleicht zu machen. Zunächst müssen die Kartoffeln gewaschen werden, danach wickelt ihr sie entweder in Alufolie oder gebt sie direkt ins Feuer. In diesem Fall dürft ihr aber kein Feuer mehr haben, sondern nur noch Glut, aber das ist für die Kartoffeln sowieso besser.

Die Kartoffeln sind gar, wenn ihr sie mit einem Messer anstecht und die Kartoffel widerstandslos runterrutscht.

Wenn ihr die Kartoffeln in der Folie gemacht habt, könnt ihr sie wie gewohnt schälen, habt ihr sie direkt ins Feuer getan, empfiehlt es sich, sie auszulöffeln.
Dazu passen verschiedene Dips (Einfach Variante: Quark mit Kräutern und Gewürzen verrühren), Salz, Rosmarin, Pfeffer, Essiggurken, Hüttenkäse, Salate (v.a Blattsalate), etc..

Schokoladenbanane
von Cornelia Steinmann

Personen:	10
Dauer:	ca. 3 Min. Vorbereitung

Zutaten:
10 Bananen (nicht zu reif)
10 Riegel Milchschokolade

Zubereitung:
Die ungeschälten Bananen auf der inneren Seite einschneiden, dabei darauf achten, dass man diese nicht durchschneidet!

In den Schlitz einen Riegel Schokolade hineinstecken. Die Bananen (mit Schale und ohne Alufolie) in die Glut stellen. Der Nachtisch ist fertig, wenn die Banane weich ist und die Schokolade zu schmelzen beginnt. Mit einem Kaffelöffel aus der Schale auslöffeln.

Safranrisotto
von Cornelia Steinmann

Personen: 10
Dauer: 50 Minuten

Zutaten:
Öl
Butter oder Fett
1-2 große Zwiebeln
2 Knoblauchzehen
250g geriebener Käse
1kg Risottoreis (z.B. Vialone od. Arborio)
4L Wasser
Bouillonwürfel für 4L Wasser

Gewürze:
0,4g Safran
Pfeffer
Salz

Packliste:
1 Kochtopf (z.B. aus Aluminium) mit flachem Deckel. Fassvermögen mind. 5L
Wasserkanister
1 Schöpfkelle
1 Rührlöffel
Schneidbrettchen
1 Messer
1 Pfannengriff
evtl. Topflappen

Zubereitung:
Bevor ihr mit dem Kochen beginnen könnt, müsst ihr ein Feuer entfachen. Denkt beim Holzsammeln daran, dass das Feuer ca 45 Minuten stark brennen muss. Ihr müsst also ausreichend Holz sammeln, dass ihr während dem Kochen laufend nachlegen könnt.

4 l Wasser bei geschlossenem Deckel zum Kochen bringen. Wenn das Wasser kocht, die Bouillon und anschließend den Reis zugeben. Alles 20-30 Minuten unter ständigem Rühren köcheln lassen.

Die Kochzeit hängt von der Hitzeentwicklung ab, deshalb sollte man von Zeit zu Zeit probieren. Immer wieder zu rühren ist wichtig, weil es sonst anbrennt und ich kann euch versichern, dass das nicht besonders gut schmeckt und zum Putzen ist es auch unangenehm.

Während ihr darauf wartet, dass das Wasser kocht, die Zwiebeln und Knoblauchzehen schälen und fein hacken. Zwiebeln und Knoblauchzehen mit etwas Fett in den Deckel des Kochtopfs geben und dünsten, bis die Zwiebeln glasig sind. Am besten macht ihr das am Rand der Feuerstelle.

Richtig heiß muss der Deckel nur vorne werden, wo die Zwiebeln sind. Wenn die Zwiebeln gar sind, mit dem Reis in den Topf geben. Den Safran in den Topf geben, kurz bevor das Reis fertig ist. Falls das Wasser noch nicht verkocht ist, wenn der Reis weich ist, müsst ihr es abgießen. Ein bisschen feucht darf Risotto aber schon sein.

Vor dem Servieren den Käse darunter mischen. Als Beilage eignet sich Salat.

Fortsetzung von Safranrisotto
von Cornelia Steinmann

Tipps:
Nie den heißen Kochkessel auf die Erde oder Laub stellen. Sie können einbrennen und sind mühsam zum Putzen. Am besten auf eine Steinplatte oder den umgedrehten Topfdeckel stellen.
Den Kochtopf schrubbt man am besten mit warmem Wasser, Seife und Stahlwatte.
Zusätzliches Wasser zum Löschen oder für Notfälle mitnehmen (deshalb die Empfehlung von 10 Litern).

Mögliche Aufgaben für die Kinder:
Holzsammeln sollten alle gemeinsam, schließlich braucht es viel und da die Aufgabe häufig nicht beliebt ist, sollten sie sich auch alle teilen, damit nicht einzelne dazu verknurrt werden.
Feuer bauen, anzünden und während dem Kochen unterhalten (1-2 Kinder)
Zwiebeln und Knoblauchzehen rösten (1 Kind). Bei älteren Kindern kann dieses Kind auch das Dünsten übernehmen. Im Zweifelsfall sollte das eher ein Leiter machen, da man sich bei dieser Aufgabe am ehesten die Finger verbrennt.
Je nach Art der Feuerstelle zwei Kinder, die den Stock mit dem Kessel dran halten.
Umrühren (1 Kind)
Während dem Kochen kann ein Leiter eine Geschichte vorlesen. Wenn ihr euch ums Feuer versammelt, können alle zuhören. Oder ihr singt gemeinsam Lieder.

Bemerkung:
Das Rezept kann natürlich auch drinnen zubereitet werden, aber es ist für das Kochen draußen angepasst, so dass es möglichst schnell und mit möglichst wenig Materialaufwand geht.

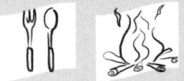

Lagerpizza
von Sebastian Krugmann

Personen: 10
Dauer: 10-15 Minuten

Zutaten:
10 Aufbackpizzen aus der Tiefkühlabteilung
Scheibenkäse (z.B. Gouda)
verschiedene Beläge (Schinken, Salami, Pilze, etc)

Material:
runtergebranntes Lagerfeuer (also viel Glut)
2 Stöcke (um die Pizza zu wenden und aus dem Feuer zu holen)
Alufolie

Zubereitung:
Die aufgetauten Tiefkühlpizzen auf ein Stück Alufolie legen und anschließend nach Lust und Laune belegen, allerdings nur halbseitig. Anschließend die Pizzen zusammenklappen und so in der Alufolie verpacken, dass nichts mehr herausschaut. Dann können die Pizzen schon in die Glut gelegt werden.
Nach ziemlich genau 3 Minuten (Erfahrungswert) werden die Pizzen dann mit Hilfe der Stöcke gewendet. Nach weiteren 3 Minuten können die Pizzen dann aus dem Feuer geholt und genüsslich verspeist werden.

Bemerkung:
Die Pizzen kann man problemlos schon morgens kaufen und dann ungekühlt bis zum Abend aufbewahren. Dadurch taut sie schon mal auf und wird biegsam, was für die Zubereitung entscheidend ist. Ich würde dann allerdings darauf achten, dass die Pizza nicht ab Werk mit Thunfisch oder anderem leicht verderblichen Belag ausgestattet ist. Wir kaufen meist Pizza Margaritha, also nur mit Käse und Tomatensauce.
Wenn die Anzahl der Teilnehmer nicht zu groß ist, hat man so ein wunderbares Mittag- oder Abendessen, dass sich jeder selbst zubereiten kann. Die Zeitangaben sind Erfahrungswerte mit denen ich immer bestens zurecht gekommen bin, obwohl die Garzeit je nach Glut und größe der Pizza variieren kann. Ich bin der Auffassung, dass die Pizza lieber zu kurz, als zu lange in der Glut sein sollte. Notfalls kann man sich an die Garzeit herantasten, indem man die Pizza aus dem Feuer holt, auspackt, begutachtet und gegebenenfalls wieder einpackt und ins Feuer legt.

DIPS & MEHR

Lagerfeuer-Esser, Vegetarier und viele mehr werden sich hier freuen!

Egal ob zum Lagerfeuer-Essen, zum Finger-Food (Gemüse in kleine Streifen geschnitten), als andere Soße für Vegetarier oder einfach mal als Alternative: Dips bestehen aus ganz unterschiedlichen Zutaten und können genauso vielseitig eingesetzt werden und werden vor allem immer beliebter.

Die Portionangaben muss man je nach Essen, das es zu den Dips gibt, anders berechnen. Die Dipmenge zu Brot müsste dementsprechend größer Ausfallen als beispielsweise zu Kartoffeln. Daher ist diese Angabe bei den folgenden Rezepten eher als Mittelwert zu lesen und nicht als exakte Angabe.

Avocadocreme
von Christian Mehler

Portionen: 10
Dauer: 10 Minuten

Zutaten:
4 weiche Avocados
4 EL Sahne
Saft von einer großen Zitrone

Gewürze:
Salz
Pfeffer

Material:
Zitronenpresse

Zubereitung:
Avocados halbieren und den Kern entfernen. Mit einem Teelöffel das Fruchtfleisch von der Schale lösen und in einen tiefen Teller geben. Die Zitrone auspressen und den Saft zum Avocadofleisch geben. Die Sahne dazugeben und alles mit einer Gabel gut zerdrücken. Mit Salz und Pfeffer abschmecken.

Kräuter-Joghurt-Dip
von Christian Mehler

Portionen: 10
Dauer: 10 Minuten

Zutaten für ca. 10 Folienkartoffeln:

400g Naturjoghurt
2,5 EL Crème fraîche
5 EL Majonäse (aus dem Glas)

Gewürze:

10 EL fein geschnittene oder gehackte Kräuter
(z.B. Schnittlauch, Petersilie, Dill, Basilikum, Thymian)
Salz
Pfeffer
etwas Zitronensaft

Zubereitung:

Joghurt, Crème fraîche und Majonäse in einer kleinen Schüssel verrühren. Mit Salz und Pfeffer würzen und die Kräuter dazugeben. Das Ganze mit Zitronensaft abschmecken.

Kräuterbutter
von Christian Mehler

Portionen: 10
Dauer: 10 Minuten

Zutaten für ca. 10 Kartoffeln oder Gemüse:
10 EL weiche Butter

Gewürze:
Salz
Pfeffer
etwas Zitronensaft
10 EL fein geschnittene oder gehackte Kräuter
(Schnittlauch, Petersilie, Dill, Basilikum, Thymian, etc.)

Zubereitung:
Die Butter und die Kräuter in einer Schüssel mit einer Gabel mischen und mit Salz, Pfeffer und Zitronensaft abschmecken.

roter, scharfer Dip
von Christian Mehler

Portionen: 10
Dauer: 1 Stunde & 15 Minuten

Zutaten:
500g Frischkäse
500g Sahne-Schmelzkäse
300g Butter

Material:
Knoblauchpresse

Gewürze:
Salz
Pfeffer
Paprikapulver
Chilipulver
10 bis 13 Knoblauchzehen

Zubereitung:
Butter in einem kleinen Topf kurz erwärmen. Die Butter, den Frischkäse und den Schmelzkäse in eine Rührschüssel geben und gut miteinander verrühren.

Den Knoblauch schälen und in der Knoblauchpresse ausdrücken. Den Knoblauch, ein bisschen Salz, Pfeffer und Chilipulver in eine Schüssel geben und das Paprikapulver hinzufügen, bis eine leichte rötliche Färbung entsteht.

Mindestens eine Stunde in den Kühlschrank stellen, dann nochmals abschmecken.

Tomaten-Schnittlauch-Quark
von Christian Mehler

Portionen: 10
Dauer: 10 Minuten

Zutaten:
500g Quark
4 EL saure Sahne
4 Tomaten

Gewürze:
1 Bund Schnittlauch
Salz
Pfeffer

Zubereitung:
Den Quark mit der sauren Sahne verrühren und mit Salz und Pfeffer abschmecken. Die Tomaten achteln (ohne Stielansatz) und die Achtel nochmals vierteln. Die Tomatenwürfel mit der Quarkmasse verrühren. Den Schnittlauch in kleine Röllchen schneiden und zu dem Quark geben.

Tomatenquark
von Christian Mehler

Portionen: 10
Dauer: 10 Minuten

Zutaten für ca. 10 Kartoffeln:
10 EL Magerquark
2,5 EL Joghurt
2,5 EL Crème fraîche
5 EL Tomatenmark
2,5 EL Tomatenketchup

Gewürze:
Salz
Pfeffer
Paprikapulver

Zubereitung:
Alles miteinander verrühren und mit Salz, Pfeffer und Paprika abschmecken.

NACHTISCH

Das Süße danach!

Rennt das Kind gleich nach dem Essen zum Süßigkeiten-Paket von den Eltern? Oder gehen wir lieber hin und bieten eine "gesündere" Alternative in Form eines Nachtisches an. Viele der folgenden Nachtische sind schnell, einfach und auch kostengünstig zu machen und somit optimal für Lager geeignet.

Einige Rezepte wie "Armer Ritter" oder "Kaiserschmarren" sind auch als Hauptmahlzeit ohne Probleme zu realisieren - nur sollte man dabei wirklich daran denken, dass Kinder gerne solche süßen Speisen essen und dementsprechend viel kochen.

Apfeljoghurt
von Christian Mehler

Portionen: 10
Dauer: 30 Minuten

Zutaten:
2,5 Äpfel
1250g Joghurt (Pur)

Material:
Reibe

Gewürze:
Zucker

Zubereitung:
Die Äpfel auf einer Reibe raspeln. Dann in eine Schüssel geben und den Joghurt unterrühren. Etwa eine halbe Stunde in den Kühlschrank stellen. Danach nach Geschmack Zucker drüber streuen.

Aprikosen-Lasagne
von Regina Back

Portionen: 10
Dauer: 1 Std. + 15 Minuten

Zutaten:
500g getrocknete Aprikosen
160ml Weißwein (Wasser - bei Kindern)
800ml Aprikosensaft
abgeriebene Schale von 1 bis 2 Zitronen
1-2 Pk. Vanille-Puddingpulver
150g Butter/Margarine
200g Puderzucker
Mark von 1 bis 2 Vanilleschoten
4 Eier (Kl. M)
625g Magerquark
310g Mascarpone
6 EL Zitronensaft
6 EL Vanillelikör (!)
15 helle Lasagneplatten (ohne Vorkochen)
1-2 Pk. Vanillesauce ohne Kochen
1-2 EL gehackte Pistazien

Gewürze:
Salz (1-2 Prisen)

Zubereitung:
Aprikosen mit Wein (bei Kindern nur mit Wasser), 250ml Aprikosensaft und Zitronenschale aufkochen. 20g Puddingpulver mit 2 EL Wasser glatt rühren, zur Aprikosenmischung geben und nochmals gut aufkochen.

Weiches Fett, 150g Puderzucker, Vanillemark und 1 Prise Salz cremig rühren. Eier einzeln unterrühren. Quark, Mascarpone, Zitronensaft, übriges Puddingpulver und Likör unterrühren. Eine gefettete Auflaufform (ca. 15x30 cm) mit 3 Lasagneblättern auslegen, Hälfte vom Aprikosenkompott, 3 Lasagneplatten und Hälfte der Creme darüberschichten. Diese Reihenfolge nochmals wiederholen.

Lasagne 10 Minuten bei Zimmertemperatur stehen lassen. 250ml Aprikosensaft mit dem Saucenpulver gut verrühren. Lasagne mit etwas Aprikosensauce beträufeln, mit Pistazien und 1 EL Puderzucker garnieren. Die übrige Sauce extra dazu servieren.

Im heißen Ofen bei 180 Grad auf der 2. Schiene von unten 40 Minuten lang backen (Gas 2-3, Umluft 160 Grad).

Armer Ritter
von Christian Mehler

Portionen: 10
Dauer: 30 Minuten

Zutaten:
5 Eier
625ml Milch
30 kleine Scheiben Weißbrot (Baguette, Toastbrot oder halbe Brötchen)
Öl oder Butter zum Braten

Gewürze:
2,5 Prisen Salz
Zucker
Zimt

Zubereitung:
Die Eier über einer Rührschüssel aufschlagen und zusammen mit der Milch und dem Salz mit einem Schneebesen verquirlen. Einen knappen Esslöffel Öl oder ein Stück Butter auf mittlerer Stufe in der Pfanne erhitzen. Die Brotscheiben nacheinander in die Milch-Eier-Mischung tauchen und sofort in die Pfanne geben.

Wenn die Armen Ritter auf einer Seite goldbraun sind, umdrehen und auch die andere Seite goldbraun braten. Zum Schluss mit Zimt und Zucker bestreuen.

Beeren-Speise
von Unbekannt

Portionen: 10
Dauer: 10 Minuten

Zutaten:
2 Flaschen ungesüßter Apfelsaft (je 700ml)
20g Agar-Agar (4 EL; Japanische Gelatine)
1200g gemischte Beeren
4 EL milder Honig
(Sahne oder Quark)

Zubereitung:
Beeren waschen, Blätter und Stiele entfernen, große Früchte eventuell zerkleinern. Apfelsaft auf 80°C erhitzen und Agar-Agar einrühren. Dann 5 Minuten ausquellen lassen und mit Honig süßen (bei geringster Hitze). Diese Flüssigkeit in einer großen Schüssel über die Beeren gießen und kühl stellen.
Kann man auch gut mit Quarksoße essen.

Beerentraum
von Christian Mehler

Portionen: 10
Dauer: 4 Std. und
15 Minuten

Zutaten:
1,25 TK-Beerenmischung
1,25 Dosen Pfirsiche
2,5 Becher Naturjoghurt á 500g
3,75 Becher Schmand
2,5 Becher Sahne (geschlagen)

Gewürze:
625g brauner Zucker
4 Pk. Vanillezucker
Zimtzucker

Zubereitung:
In eine sehr große Schüssel die gefrorene Beerenmischung geben. Pfirsiche klein schneiden, mit dem Saft über die Beeren geben. 5 EL braunen Zucker darüber streuen. Naturjoghurt, Schmand, 190g braunen Zucker und 2,5 Vanillezucker verrühren, über die Beeren geben, gleichmäßig verstreichen. Den restlichen braunen Zucker und den Vanillezucker mischen, etwa die Hälfte davon über dem Joghurt verstreuen. Die geschlagene Sahne darüber geben, und die restliche Zuckermischung darauf verteilen.
Über Nacht stehen lassen, am nächsten Tag mit Zimtzucker servieren.

Bonbons selber machen
von Sabine Uhlen

Portionen: beliebig
Dauer: 30 Minuten

Explodierende Bonbons
Zutaten für 1 Portion:
1 Teil Zucker
1 Teil Brausepulver

Zubereitung:
Zucker und Brausepulver gut vermischen und in einer kleinen (am besten beschichteten) Pfanne langsam erhitzen. Dabei ständig, aber langsam rühren. Wenn die Masse etwas zäh geworden ist, vom Herd nehmen und abkühlen lassen. Anschließend in kleine Stücke zerbröseln. Im Mund explodieren sie dann beim Lutschen.

Fruchtgelee-Bonbons
Zutaten:
250ml Fruchtsaft
50g Zucker (oder 250ml Sirup)
1L Wasser
2 Pk. Gelatinepulver
5g Zitronensäure

Zubereitung:
Fruchtsaft, Zucker und Wasser in einer Pfanne erwärmen. Gelatinepulver und Zitronensäure dazu rühren. Erwärmen bis sich alles aufgelöst hat (nicht kochen). In eine rechteckige Form ca. 1 cm hoch füllen und kaltstellen. In Rauten, Dreiecke oder Vierecke schneiden. In Papiertütchen abgefüllt servieren.

Tipps & Tricks:
Im Kühlschrank aufbewahrt 2 Wochen haltbar. Grüne Geleebonbons macht man mit Pfefferminzsirup.

Fortsetzung von Bonbons selber machen
von Sabine Uhlen

Lolly, Lollys, Lutscher, Schlecker

Zutaten:
500g rote Johannisbeeren
500g Zucker
2 EL Traubenzucker
etwas Öl

Zubereitung:
Johannisbeeren entstielen, in kleinen Topf geben und erhitzen, bis ihr Saft austritt. Nun Früchte mit dem Saft durch ein Sieb passieren. Zucker, Traubenzucker und 12 EL Johannisbeersaft in einen Topf geben, unter stetem Rühren (!) erhitzen, bis sich Zucker aufgelöst hat. Sirup zum Kochen bringen und sprudelnd kochen lassen. Je länger der Sirup kocht (aber nicht zu dunkel), desto härter werden die Lollys.
Marmorplatte (oder Fliese) mit Öl bepinseln. Die Hälfte des Sirups in kleine Förmchen auf jeweils ein Ende eines Lollystieles (Zahnstocher, Plastikstück etc.) fließen lassen. Masse aushärten lassen. Mit einer Spachtel (oder Messer) von der Arbeitsfläche lösen.

Energie-Igel
von Christian Mehler

Portionen: 10
Dauer: 3 Std. + 10 Minuten

Zutaten:
300g getrocknete Aprikosen
300g gemahlene Mandeln
12 EL Dinkelflocken
3 EL flüssiger Honig
Kokosraspeln
Sonnenblumenkerne nach Bedarf
Rosinen nach Bedarf

Zubereitung:
Die Aprikosen in wenig Wasser einige Stunden einweichen. Anschließend die Aprikosen pürieren und mit den restlichen Zutaten vermischen. Nun aus dem Teig kleine Igel (Kugeln) formen und diese durch die Kokosraspeln rollen. Den Igeln noch mit den Sonnenblumenkernen und den Rosinen Augen und Nase geben.

Erdbeer-Milchreis
von Christian Mehler

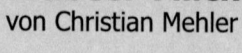

Portionen: 10
Dauer: 10 Minuten

Zutaten:
2500g Erdbeeren
600ml Schlagsahne
2,5 Pk. Sahnesteif
1000g fertigen Milchreis (oder frisch gekochten, den man abkühlen lässt)

Gewürze:
10 EL Zitronensaft
150g Puderzucker
5 Pk. Vanillezucker

Zubereitung:
Die Erdbeeren waschen, gut abtropfen lassen und putzen. 500g Erdbeeren mit Zitronensaft und Puderzucker fein pürieren. Die restlichen Erdbeeren vierteln und mit dem Püree mischen. Die Schlagsahne mit Sahnesteif und Vanillezucker steif schlagen und unter den fertigen Milchreis heben. Abwechselnd mit den Beeren in 10 Gläser schichten (da 10 Portionen-Rezept).

Fruchtspieße
von Nadine Sandmeier

Portionen: 10
Dauer: 20 Minuten

Zutaten:
4 Mandarinen
2 Orangen
4 Kiwis
2 Bananen
1 Apfel
1 Birne
2 Zitronen
300-400g Kuvertüre (hell oder dunkel)

Material:
Schaschlikspieße

Zubereitung:
Schneide das Obst in mundgerechte Stücke. Presse die Zitrone aus und gib den Saft über das Obst, damit es nicht braun wird.

Spieße das Obst bunt gemischt auf Schaschlikspieße. Gib die Kuvertüre in einen Kochtopf und schmelze sie bei ganz geringer Wärme.

Lege die Obstspieße auf Pergamentpapier und beträufle sie mit der Kuvertüre. Je nach Jahreszeit kannst du auch gut Weintrauben, Erdbeeren oder Nektarinen verwenden.

Glückskäfer
von Nadine Sandmeier

Portionen:	10 Stück
Dauer:	30 Minuten

Zutaten:
1250ml Milch
2,5 TL Zitronenschalenaroma
310g Vollkorngrieß
5 Eigelbe
5 Eiweiß
625g Erdbeeren
10 Pfirsichhälften
4 Schokoladenstäbchen
8 Schokoladentropfen
250g Schlagsahne

Gewürze:
125g Zucker

Zubereitung:
Gib Milch, Zucker und Zitronenschalenaroma in einen Kochtopf und bringe alles zum Kochen. Rühre den Grieß in die kochende Milch und lass ihn aufkochen. Nimm den Topf von der Kochstelle. Schlage das Eiweiß mit dem Schneebesen des Handrührgerätes steif.

Verquirle die Eigelbe und rühre sie unter den Grießbrei. Hebe den Eischnee unter den Grießbrei und lass ihn erkalten. Wasche die Erdbeeren, putze sie und püriere sie mit einem Pürierstab. Gib zuerst die Erdbeersoße auf einen Teller, lege darauf eine Pfirsichhälfte als Kopf des Glückskäfers. Halbiere die Schokoladenstäbchen und stecke sie als Fühler in den Grießpudding.

Setzte 2 Schokoladentropfen als Augen auf die Kugel. Schlage die Sahne mit dem Rührbesen des Handrührgerätes steif. Gib sie in einen Spritzbeutel und verziere den Pfirsich mit Tupfen.

Haferbrei (Porridge)
von Christian Mehler

Portionen: 10
Dauer: 15 Minuten

Zutaten:
500g Haferflocken
1250ml Milch
1250ml Wasser

Gewürze:
2,5 Prisen Salz
Honig
Zucker
Zimt

Zubereitung:
Milch, Wasser, Salz und die Haferflocken in einem Topf unter stetigem Rühren zum Kochen bringen. Auf kleinem Feuer weiterkochen bis ein sämiger Brei entsteht, dabei mit Honig süßen. Je nachdem, ob feine oder gröbere Flocken verwendet werden, dauert die Kochzeit zwischen 5 bis 30 Minuten.
Den Zucker und den gemahlenen Zimt in einem Schälchen vermischen. Den Haferbrei auf den Teller geben und mit der Zucker/Zimt-Mischung bestreuen. Als Beilage eignet sich auch Obst.

Kaiserschmarren
von Christian Mehler

Portionen: 10
Dauer: 40 Minuten

Zutaten:
190g Rosinen
5 EL Rum
20 Eier
625ml Milch
500g Mehl
10 EL Butter oder Margarine
1250g Apfelmus

Gewürze:
2,5 Prisen Salz
125g Zucker
Zimt
Zucker

Zubereitung:
Die Rosinen waschen, abtropfen lassen und mit dem Rum mischen. Eier trennen. Eigelb, Zucker, Milch und Salz in eine Schüssel geben und cremig aufschlagen. Das Mehl nach und nach unterrühren. Das Eiweiß sehr steif schlagen. Eischnee mit den Rumrosinen unter die Ei-Mehl-Masse heben.

Fett in einer Pfanne erhitzen, einen Teil des Pfannkuchenteigs hineingeben und bei mittlerer Hitze von beiden Seiten goldbraun braten.

Kaiserschmarren in große Stücke teilen und in einer zweiten Pfanne oder im Backofen bei 50°C warm stellen. Mit dem restlichen Teig ebenso verfahren. Den Kaiserschmarren mit Apfelmus auf Tellern anrichten. Das Ganze mit Zimt und Zucker bestreuen.

Kaiserschmarren II
von Sven Jollet

Portionen: 10
Dauer: 40 Minuten

Zutaten:
750g Mehl
15 Eier
Milch nach Bedarf
Butter
Rosinen
Puderzucker
Pflaumenkompott aus dem Glas

Gewürze:
150g Zucker
Salz

Zubereitung:
Die Eier aufschlagen, Eigelb und Eiweiß trennen und aus den Eiweißen Eischnee schlagen. Die Eigelb mit Mehl, Zucker, Salz, Rosinen und der nötigen Menge Milch zu einem dickflüssigen Teig verquirlen und den Eischnee vorsichtig unterziehen.

In einer Pfanne etwas Butter erhitzen, den Teig jeweils fingerdick hineingeben und auf beiden Seiten gut backen. Die Pfannkuchen mit zwei Gabeln in kleine Stücke zerteilen und im Backofen warm stellen. Mit Puderzucker bestreuen und heiß mit Pflaumenkompott servieren.

Karamellisierte Vanille-Orangen
von Regina Back

Portionen: 10
Dauer: 40 Minuten

Zutaten:
2,5 Tassen Wasser
Mark und Schale einer Vanilleschote
10 geschälte Orangen

Gewürze:
1,9 Tassen weißer Zucker
0,5 Tassen brauner Zucker

Zubereitung:
Zucker, Wasser und Vanilleschote mit Mark in einer Pfanne bei schwacher Hitze erwärmen, bis der Zucker auflöst ist. Hitze erhöhen und sirupartig einkochen.

Orangen in 2cm dicke Scheiben schneiden und in der Pfanne auf jeder Seite 2 Minuten anbraten, bis sie mit dem karamellisierten Vanillesirup überzogen sind.

Warme Orangenscheiben mit dem Sirup beträufeln und mit einem Dessertwein oder einer Kugel Vanilleeis servieren.

Krümeläpfel mit Eis
von Christian Mehler

Portionen: 10
Dauer: 60 Minuten

Zutaten:
6 mittelgroße Äpfel
2 Packung Vanilleeis
Butter

Für die Streusel:
600g Mehl
480g Zucker
500g Butter

Material:
Auflaufform

Zubereitung:
Die Auflaufform einfetten und den Backofen auf 200°C (Umluft 180°C) vorheizen.

Zuerst die Streusel machen: Die Butter in einem kleinen Topf bei mittlerer Temperatur schmelzen. Mehl und Zucker in einer Rührschüssel vermischen, die flüssige Butter dazugeben und alles mit den Knethaken zu krümeligen Streuseln verkneten. Die Streusel in den Kühlschrank stellen.

Die Äpfel vierteln, schälen und das Kerngehäuse herausschneiden. Jedes Viertel in dünne Scheiben schneiden. Die Streusel wieder aus dem Kühlschrank holen, die Apfelscheiben dazugeben und alles vermischen.

Diese Mischung in die Form geben und etwa 25 Minuten im Backofen backen, bis die Streusel leicht gebräunt sind. Das Vanilleeis auf Teller verteilen und eine Portion Krümeläpfel dazugeben.

Variation:
Zimt über die Äpfel geben oder schon einen halben Teelöffel Zimt den Streuseln hinzugeben.

Milchreis mit Sommerfrüchten
von Christian Mehler

Portionen: 10
Dauer: 25 Minuten

Zutaten:
1250g Sauerkirschen
(20 EL Amaretto)
2,5L Milch
5 Beutel (à 62,5g) Milchreis (Fertigpackung)
2,5kg Melone (z.B. Galia)
2,5 EL Pistazienkerne

Zubereitung:
Kirschen waschen, putzen und entsteinen. In eine Schüssel geben, mit dem Amaretto beträufeln und ca. 10 Minuten ziehen lassen.

Inzwischen die Milch in einem Topf aufkochen und von der Herdplatte ziehen. Milchreis mit dem Schneebesen einrühren und ca. 1 Minute weiter rühren. Danach ca. 10 Minuten stehen lassen. Inzwischen die Melone schälen und die Kerne mit einem Esslöffel entfernen. Danach das Fruchtfleisch in mundgerechte Stücke schneiden.

Den Milchreis nochmals durchrühren und auf vier Teller verteilen. Marinierte Amaretto-Kirschen und Melonenstücke mischen. Obstsalat auf dem Milchreis verteilen. Mit gemahlenen und halbierten Pistazien bestreut servieren.

Tipp:
Für Kinder kann man dieses Rezept natürlich auch ohne Amaretto machen.

Obstsalat mit Joghurt
von Christian Mehler

Portionen: 10
Dauer: 20 Minuten

Zutaten:
6 Äpfel
6 Bananen
4 Birnen
4 Nektarinen
Erdbeeren
Weintrauben
1000g Joghurt

Gewürze:
4 Päckchen Vanillezucker

Zubereitung:
Das Obst waschen und gegebenenfalls schälen und klein schneiden. Den Joghurt in eine Schale geben und den Vanillezucker unterrühren. Das Obst unter den Joghurt heben.

Pfannkuchen
von Christian Mehler

Portionen: 10 (20 Stück)
Dauer: 30 Minuten

Zutaten:
10 Eier
1400ml Milch (oder Wasser)
800g Mehl
Butter

Gewürze:
10 Prisen Salz

Zubereitung:
Das Ei aufschlagen, Salz und Milch dazugeben und mit einer Gabel verquirlen. Esslöffelweise das Mehl dazugeben, dabei mit einem Schneebesen kräftig rühren, damit keine Klumpen entstehen. Den Teig mit einem Schneebesen zu einer glatten Masse verrühren.

Eine beschichtete Pfanne auf mittlerer Stufe heiß werden lassen. Ein Stück Butter hineingeben und schmelzen lassen. Wenn das Fett heiß genug ist, mit einer Suppenkelle die Hälfte vom Teig in die Pfanne geben und verteilen.

Jetzt fängt der Pfannkuchen an hart/trocken zu werden; sobald er oben trocken ist, den Pfannkuchen wenden (die Unterseite sollte goldbraun sein) und warten, bis auch diese Seite goldbraun ist. Den Pfannkuchen kann man im Backofen bei ca. 80°C warm kalten.

Ritter der Kokosnuss
von Corinna Ehlert

Portionen: 10
Dauer: 20 Minuten

Zutaten:
20 dünne Scheiben Toastbrot
12-15 EL Nutella
2,5 Ei
310ml Vollmilch
250g Kokosraspel
Butter zum Ausbacken

Gewürze:
2,5 Prisen Salz
2,5 Pk. Vanillezucker

Zubereitung:
Die Toastbrotscheiben diagonal über Kreuz halbieren, so dass je 4 kleine Ecken entstehen. Die Hälfte der Toastecken mit Nutella bestreichen und mit den restlichen Toastecken belegen. Leicht andrücken.

Das Ei mit der Vollmilch, dem Salz und dem Vanillezucker in eine Schüssel geben und verschlagen. Die Toastecken durch die Eimilch ziehen und mit den Kokosraspeln panieren.

Die Butter in einer Pfanne erhitzen und die Toastscheiben darin auf beiden Seiten goldgelb ausbacken.

Rote Grütze mit Vanillesoße
von Nadine Sandmeier

Portionen: 10
Dauer: 30 Minuten

Zutaten:

Rote Grütze:
1250g gemischtes Obst frisch oder gefroren (z.B. Sauerkirschen, Himbeeren, Johannisbeeren, Erdbeeren, Brombeeren)
600ml Wasser
300g Zucker
2,5 Pk. Vanillinzucker
evtl. 5 EL Zitronensaft
310ml Wasser
125g Speisestärke

Vanillesoße:
1250ml Milch
2,5 Pk. Vanille-Soßenpulver
2,5 EL Zucker

Zubereitung:

Frisches Obst musst Du erst waschen, entkernen oder vom Stiel abzupfen. Bei gefrorenem Obst erübrigt sich diese Arbeit.

Gib das Obst mit 600ml Wasser, Zucker, evtl. Zitronensaft und den Gewürzen in einen Topf und lass alles 4 bis 5 Minuten garen. Rühre dabei ab und zu um. Inzwischen vermengst Du im Schüttelbecher das Wasser mit der Speisestärke. Rühre sie unter das Obst und lasse alles einmal aufkochen. Fülle die Rote Grütze in eine Schale und lasse sie kalt werden.

Gieße für die Vanillesoße die Milch in einen Kochtopf. Nimm von dieser Menge 8 EL ab und vermenge sie mit dem Soßenpulver und dem Zucker im Schüttelbecher. Bringe die Milch zum Kochen. Hebe den Topf vorsichtig beiseite, wenn die Milch hochsteigt und rühre das Soßenpulver hinein. Fülle die Vanillesoße in einen kleinen Krug und reiche sie zur Roten Grütze.

Schokofondue
von Christian Mehler

Portionen: 10
Dauer: 30 Minuten

Zutaten:
310ml Milch
500 Gramm Blockschokolade
8 EL Kakaopulver
125g gehackte Mandeln
8 EL Honig

Gewürze:
2,5 Prisen Salz
5 EL (brauner) Zucker

verschiedene Früchte:
Äpfel, Bananen, Kirschen, Mandarinen, Pfirsiche, Ananas, Weintrauben

je nach Geschmack und Hunger:
Zitronensaft, Weißbrot oder Baguette

Material:
Fondue-Topf-Set

Zubereitung:
Zutaten waschen, zerkleinern und mit Zitronensaft beträufeln, damit die Zutaten ihre Farbe behalten und nicht (unappetittlich aussehen!) braun werden. Jede Frucht in eigene Schüssel tun, ebenso Weißbrot würfeln und in eigener Schale dazu stellen.

Die Blockschokolade im Wasserbad auflösen (d.h. in einen mit Wasser gefüllten Topf eine Schüssel aus Edelstahl oder ähnlichem stellen, die die Schokolade enthält). Wenn die Schokolade geschmolzen ist, mit dem Schneebesen die Milch einrühren und weiter kochen lassen.

Mandeln, Honig, Kakaopulver, Salz und Zucker dazugeben (Zucker und Honig abschmecken). Wenn die Soße nun wieder kocht, dann in den Fondue-Topf schütten und auf den Brenner bzw. Kerze stellen, damit die Soße flüssig bleibt.
Nun die Fruchtstücke bzw. das Brot auf die Fonduespieße bzw. eigene Spieße stecken und in die Schokolade eintunken, rausziehen, abtropfen lassen (über dem Fondue-Topf!!) und genießen.

Teigtasche mit Banane & mehr
von Andrea Sutmöller

Portionen: 10
Dauer: 20-30 Minuten

Zutaten:
Hefeteig (z.B. Pizzateig von ALDI)
6 Bananen
Nutella o.ä.
geraspelte Nüsse

Zubereitung:
Teig ausrollen und etwas gehen lassen (ca. 15 Minuten stehen lassen). Danach mit Nutella bestreichen (z.B. angewärmt in einer Mikrowelle zum Erleichtern des Streichens).

Die Banane klein schneiden und auf dem unteren Ende bzw. an einer Längsseite ca. 8 cm in die Höhe gehend verteilen. Die Nüsse über die Banenstückchen streuen und den Teig eindrehen, so dass eine Rolle entsteht in der die Banen mit den Nüssen in der Mitte sind. Nun kann man die Rolle in eine Kreisform bringen, ist aber nicht zwingend notwendig.

Den Teig mit ein wenig Sonnenblumenöl oder Margarine bestreichen und bei ca. 180° in den Backofen und warten mit der Teig fertig gebacken ist.

Serviert werden kann dieser Nachtisch entweder in Stückchen geschnitten auf kleinen Tellern oder zum selbst schneiden.

COCKTAILS & DRINKS

Was machen hier denn Cocktails & Drinks?

Mit Freizeiten möchte man auch Zeichen setzen: Vielleicht nur "Unser Verein macht Spaß", vielleicht möchte man aber auch schon einen Schritt weiter gehen und zusätzlich noch bei der Ernährung mal was anderes bieten. Dazu gehören ohne Frage die folgenden Cocktails & Drinks. Egal ob Disco oder Kino-Abend oder wurde gerade die Lagergeschichte aufgelöst? Diese Cocktails & Drinks sind ohne Alkohol und schmecken auch Jugendlichen trotzdem und sind vor allem auch etwas, was nicht jedes Kind täglich daheim trinkt. Und die Extra-Portion Vitamine ist auch noch mit dabei ...

Buttermilch-Mix
von Nadine Sandmeier

Portionen:	5 Gläser
Dauer:	10 Minuten

Zutaten:
2 Bananen,
1L Buttermilch,
Raspel-Schokolade

Material:
Mixer
Strohhalme

Gewürze:
2 EL Zucker

Zubereitung:
Schneide die geschälten Bananen in grobe Stücke und zerkleinere sie mit einer Tasse Buttermilch im Mixer. Gib die restliche Milch und den Zucker dazu. Verschlage alles kräftig und verteile das Getränk in die Gläser. Darüber kann jetzt noch Raspel-Schokolade gestreut werden und ein bunter Strohhalm hinzugefügt werden.

Bemerkung:
Kann auch mit anderen Früchten gemacht und mit Honig oder Fruchtzucker gesüßt werden.

Coconut Kiss
von Nadine Sandmeier

Portionen: 1 Glas
Dauer: 10 Minuten

Zutaten:
Saft aus 1 Orange
30ml Kokoscreme
20ml Sahne
100ml Ananassaft
1 EL Zitronensaft
1 EL Grenadine
1 Ananasstück
1 (Cocktail-)Kirsche

Material:
Mixer
Strohhalm
Schaschlikspieß

Gewürze:

Zubereitung:
Orange pressen. Kokoscreme und Sahne mixen, Fruchtsäfte unterrühren und die Mischung in ein Glas geben.

Grenadinesirup vom Rand einlaufen lassen, mit aufgespießten Ananasstücken und Cocktailkirschen garnieren.

Crocodile Dundee
von Nadine Sandmeier

Portionen: 1 Glas
Dauer: 10 Minuten

Zutaten:
100ml O-Saft
100ml Ananassaft
50ml Kokosmilch
50ml Sahne
Eiswürfel

Material:
Mixer (Cocktailshaker)
Strohhalm
Schaschlikspieß

Zubereitung:
Die Säfte kurz verrühren. Dann die Kokosmilch und die Sahne dazugeben und 2 Minuten mit dem Mixer aufschlagen. Kalt stellen und mit Eiswürfeln in einem Cocktailglas anrichten.

Drachenblut-Cocktail
von Christian Mehler

Portionen: 8-12 Gläser
Dauer: 5 Minuten

Zutaten:
1L Cola
1L Kirschsaft,
1L kohlensäurehaltiges Mineralwasser
einige Eiswürfel

Zubereitung:
Alle Zutaten miteinander vermischen und eiskalt (mit Eiswürfeln) servieren. Am besten auch nicht zu lange stehen lassen, da sich ansonsten die Kohlensäure verflüchtigt.

Bemerkung:
Nur gut, dass niemand weiß, wie Drachenblut aussieht; jedoch dürfte diese dunkelrote Mischung es in vielen Fantasien treffen ...

Eigene Limonade
von Unbekannt

Portionen: 4 Gläser
Dauer: 10 Minuten

Zutaten:
Zitronen (oder andere Früchte wie Erdbeeren, Himbeeren, Weintrauben, ...)
Wasser

Gewürze:
Zucker
Natriumbicarbonat (aus der Apotheke)

Material:
Flasche mit Schraubverschluss
Zitronenpresse

Zubereitung:
Zuerst presst man die Früchte aus, gießt den Saft in eine Flasche und füllt sie mit Wasser halb auf. Danach gibt man den Zucker dazu und rührt so lange um, bis sich der Zucker vollkommen aufgelöst hat.

Zum Schluss gibt man einen Teelöffel (sehr saueres) Natriumbicarbonat (Natron) hinzu und hat eine sprudelnde Limonade.

Zum längeren Lagern der Limonade sollte man Flaschen verwenden, die man luftdicht verschließen kann.

Ekel-Bowle
von Andrea Sutmöller

Portionen: 12-16 Gläser
Dauer: 5 Minuten

Zutaten:
2 Fl. Orangensaft
2 Fl. Mineralwasser
Leitungswasser
blaue und grüne Lebensmittelfarbe
(gefrorene Rosinen)

Material:
Eiswürfelformen
Gefrierfach

Zubereitung:
Zuerst mischt du in einem großen Gefäß den Orangensaft mit dem Mineralwasser. Gib etwas grüne und blaue Lebensmittelfarbe dazu, das ergibt dann eine eklige braune Farbe.

Kleiner Tipp:
Das Besondere sind die passenden Eiswürfel dazu: Ein paar Rosinen in die Eiswürfelformen geben und Wasser dazu geben. Ab damit in die Gefriertruhe. Die Eiswürfel sehen dann so aus wie in Harz gegossene Insekten!

Erdbeer-Drink
von Nadine Sandmeier

Portionen:	4-6 Gläser
Dauer:	15 Minuten

Zutaten:
600g Erdbeeren
2 El Limettensaft
500g Vollmilchjoghurt
10 Eiswürfel
250ml kaltes Mineralwasser

Material:
Mixer (bzw. Mixbecher)

Gewürze:
3 Päckchen Vanillezucker
Puderzucker

Zubereitung:
Wasche die Erdbeeren und putze sie. Gib die Erdbeeren mit Limettensaft, Joghurt, Vanillezucker, Eiswürfel und Mineralwasser in den Mixbecher der Küchenmaschine.

Gib nur die Hälfte der Zutaten in den Mixbecher, wenn dieser nicht sehr groß ist. Dann musst du die zweite Hälfte danach mixen. Setze den Deckel fest auf, damit nichts spritzen kann. Mixe die Zutaten gut durch. Du kannst das Getränk nach Geschmack mit Puderzucker süßen.

Tipp:
Benutzt man leicht angefrorene Erdbeeren, so kann man sich die Eiswürfel sparen!

Halloween-Bowle
von Andrea Sutmöller

Portionen: 15 Gläser
Dauer: 10 Minuten

Zutaten:
1L schwarzer Johannisbeersaft
1L Apfelsaft
2L Mineralwasser
Früchte nach Wahl
(besonders gut geeignet sind Pfirsiche aus der Dose)

Gewürze:
Zucker

Material:
Große Bowleschlüssel (ca. 5L)

Zubereitung:
Früchte in Stücke schneiden und in ein großes Bowlegefäß geben, evtl. mit vier bis fünf Löffel Zucker süßen, dann die anderen Getränke hinzu gießen und kalt stellen.

Prost und wohl bekommt's!

Happy Bee
von Sven Jollet

Portionen:	4 Gläser
Dauer:	20 Minuten

Zutaten:
150g Himbeeren
250ml Orangen-Buttermilch
375ml Maracujasaft

Material:
Mixer
Sieb

Zubereitung:
Himbeeren verlesen (nicht waschen), mit der Orangen-Buttermilch in einen Mixer geben und pürieren. Maracujasaft hinzugeben, vermischen und in Schalengläser füllen, dabei evtl. durch ein Sieb streichen.

Garnierung:
Den Glasrand nach Belieben mit einem Stück Orangenscheibe oder Himbeerblättern garnieren.

KiBa
von Chris Koepp

Portionen: 5 Gläser
Dauer: 5 Minuten

Zutaten:	**Material:**	**Gewürze:**
500ml Kirschensaft	evtl. Wasser	Zucker
500ml Bananensaft	Teller	
	Strohhalm	

Zubereitung:
Zuerst einmal das Glas zur Hälfe mit dem Ki (Kirschsaft) füllen und dann ganz vorsichtig und vor allem langsam den Ba (Bananensaft) reinlaufen lassen.
Wenn es gekühlt werden soll, kann man natürlich auch Eiswürfel mit hineingeben.

Bemerkung:
Optischer Blickfang, weil sich der Bananensaft als Kugel in der Mitte des roten Kirschaftes hält und die beiden (wenn man das nicht schüttelt) nicht ineinander verlaufen. Besonders für Discoabend geeignet.

Garnierung:
Hier kommt nun das Wasser und der Teller Zucker ins Spiel. Diesen Punkt aber bitte immer als Erstes machen, sonst wirds etwas schwierig. Glas ca. 2 cm in Wasser tauchen - mit der Öffnung nach unten - und dann kurz auf den Teller mit Zucker drücken. Fertig ist der Zuckerrand!
Kann man auch mit Lebensmittelfarben farbig machen, sieht klasse aus, aber wird etwas teuer. Die Farben sind nicht billig.
Logischerweise kann man auch ein Bananenstückchen an das Glas hängen.

Palermo
von Sven Jollet

Portionen:	4 Gläser
Dauer:	5 Minuten

Zutaten:
600ml schwarzer Johannisbeernektar
200ml Sauerkirschnektar
Zitronensaft

Gewürze:
Zucker

Zubereitung:
Den gut gekühlten schwarzen Johannisbeernektar mit dem Sauerkirschnektar mischen, mit Zitronensaft abschmecken und in die vorbereiteten Gläser füllen.

Garnierung:
Zucker und Zitronensaft auf je einen flachen Teller geben, die Glasränder zuerst in Zitronensaft dann in den Zucker hineindrücken und kurze Zeit trocknen lassen.

Peachy
von Nadine Sandmeier

Portionen: 1 Glas
Dauer: 5 Minuten

Zutaten:
12cl Pfirsichsaft oder auch -nektar
6cl Grapefruit
2 Spritzer Limettensaft
Banane
Pfirsich
Eis

Material:
Mixer (Cocktailshaker)
Strohhalm
Schaschlikspieß

Zubereitung:
Pfirsich-, Grapefruit- und Limettensaft kräftig auf Eis shaken.

Die Mischung in ein Glas geben und diese mit Pfirsichspalten und Bananenscheiben dekorieren.

Piratenbowle
von Christina Schlegl

Portionen: 15 Gläser
Dauer: 1 Std. und
10 Minuten

Zutaten:
2L Aprikosensaft
2L Birnensaft
500ml Kirschsaft
250ml Zitronensaft
250ml Grenadine
Tonic Water
unbehandelte Zitronen
Cocktailkirschen

Material:
Große Bowleschlüssel (6L)

Zubereitung:
Die Säfte und den Grenadine in ein Bowlegefäß geben, verrühren und kalt stellen. Longdrinkgläser zu dreiviertel füllen und mit Tonic Water ergänzen.

Garnierung:
Die Zitronenschale spiralförmig abschneiden und jedes Glas mit einer Zitronenspirale und einer Cocktailkirsche dekorieren.

Schwarzer Punsch
von Nadine Sandmeier

Portionen: 6-8 Tassen
Dauer: 30 Minuten

Zutaten:
4 Beutel Hagebuttentee
1-3 Beutel Glühweingewürz
500ml schwarzer Johannisbeerensaft
500ml Orangensaft

Gewürze:
Zucker nach Bedarf
eine Zimtstange

Zubereitung:
Erst circa einen Liter Hagebuttentee ganz normal kochen und etwas ziehen lassen. In den Hagebuttentee anschließend die Zimtstange und das Glühweingewürz geben und ziehen lassen.
Den Tee anschließend auf zwei Kannen verteilen oder in einen großen Topf geben.

Nun muss der Orangensaft mit dem Johannisbeersaft erhitzt (nicht kochen) und dann zu dem Hagebuttentee hinzu gegeben werden.

Schmeckt wirklich sehr winterlich lecker.

Tschai
von Christian Mehler

Portionen: 5 Gläser
Dauer: 30 Minuten

Zutaten:
500ml Johannisbeersaft
500ml schwarzer Tee
100g ganze Nüsse (Para-, Hasel-, und/oder Cashewnüsse)
Trockenfrüchte (insb. Rosinen)
frische Apfelstücke, gewürfelt

Gewürze:
Zucker
Zimtstangen

Zubereitung:
Zuerst den Tee ganz normal zubereiten, dann die Teebeutel entfernen, den Johannisbeersaft, dann ebenfalls die Nüsse und die Trockenfrüchte mit den Zimtstangen hinzufügen. Das Ganze kurz aufkochen lassen. Zum Schluss die Äpfel hinzugeben und noch etwas mit Zucker nachsüßen.

"Erwachsenenversion"
Zu dem Ganzen gibt man noch zusätzlich eine Flasche Rotwein und/oder ein Schuss Rum hinzu. Das Ganze nun nur noch warm halten und nicht mehr aufkochen!

Zuckerrand
von Christian Mehler

Portionen: -
Dauer: 3 Minuten

Zutaten:
Wasser

Gewürze:
Zucker

je nach Farbe:
Sirup, Zitronensaft

Zubereitung:
Häufig schon gesehen, doch wie macht man einen Zuckerrand?

Himbeersirup und Zucker in zwei verschiedene kleine Teller geben. Dann das Glas umgedreht erst in den Sirupteller eintauchen und danach im Zucker drehen.

Himbeersirup sorgt für einen roten Rand, Zitronensaft für einen weißen, Pfefferminzsirup für einen grünen und Maracuja sorgt für einen gelben Rand.

Cocktail- & Bowlen-Mix
von Nadine Sandmeier

Portionen:	1 Glas
Dauer:	5-10 Minuten

Ich habe hier eine kleine Zusammenfassung von unseren erprobten Cocktails für Kinder und Jugendliche zusammengestellt. Wir haben diese auf verschiedenen Veranstaltungen bereits verkauft und bei Festen in unserer Gruppe gemacht. Die angegebenen Cocktails sind schön bunt und süß, weshalb vor allem Kinder total begeistert sind. Die Zutaten sind relativ ähnlich, damit man sich einige aussuchen kann und nicht zu viele verschiedene Sorten benötigt.

Caribbean Fruitpunch
2cl Blue Curacao
2cl Limette
2cl Zitronensaft
6cl Maracujasaft
6cl Ananassaft

Swimming Pool
2cl Blue Curacao
2cl Kokos
2cl Sahne
14cl Ananassaft

Baby Pina Colada
4cl Kokos
2cl Sahne
16cl Ananassaft

Pussy Foot
2cl Grenadine
6cl Ananassaft
6cl Orangensaft
6cl Grapefruitsaft

Alice
2cl Grenadine
2cl Sahne
8cl Orangensaft
8cl Ananassaft

Sundowner
2cl Blue Curacao
3cl Kokos
4cl Orangensaft
8cl Maracujanektar

Rubino
1cl Grenadine
10cl Traubensaft
1cl Johannisbeersaft

Virgin Colada
8cl Ananassaft
8cl Orangensaft
2cl Kokos

Weitere Rezepte von Ludwig Koller

Waldmeister – Bowle
1 Paket tiefgefrorene Himbeeren in einer Schüssel auftauen und 1L Apfelsaft dazugeben. 1 Bund Waldmeister (unaufgeblüht) für eine Viertelstunde mitsamt den Blättern in den Ansatz hängen, 1L eiskaltes Clubsoda kurz vor dem Servieren auffüllen. Ergibt ca. 14 Gläser.

Heiße Schwiegermutter
250g Brombeeren, 80g Zucker, 250ml Wasser, 2cl Brombeersirup, 1 Prise Zimt
Brombeeren mit Zucker und Wasser aufkochen, durch ein Sieb in einen Becher rühren, den Zuckersirup daruntermischen und mit Zimt würzen. Heiß servieren!

Apfelpunsch
1L Apfelsaft, 1-2 Äpfel (mit Schale würfeln), 250ml Orangensaft, 1 ausgepresste Zitrone, 250ml Apfel-Zitronen-Tee, Zimt, Nelken, Vanilleschote
Die Zutaten langsam erwärmen, einmal kurz aufkochen lassen, dann noch 5-10 Minuten ziehen lassen.

Gesundheitsdrink
250ml Traubensaft, 125ml Möhrensaft, Saft einer Tomate, Saft einer Orange, nach Belieben Zucker und Eis
Alle Zutaten in den Mixer geben und verrühren.

Verlorene Kirsche
1 Flasche Grapefruitsaft, 500ml Sodawasserflasche, Schlagsahne, Cocktailkirschen
gestoßenes Eis in ein Glas geben, Grapefruitsaft und Soda hinzufügen, eine Haube aus Schlagsahne aufsetzen und mit einer Cocktailkirsche garnieren. (Strohhalm und Löffel/Barspieße sollten bereitstehen)

Möhrenmilch
2 Möhren, 500ml Milch, Zucker oder Honig und Zitronensaft
Die in Stücke geschnittenen Möhren mit etwas Milch mixen um ein Püree zu erhalten, dann die restliche Milch und die anderen Zutaten hinzufügen.

Fortsetzung von Cocktail- & Bowlen-Mix

Bloody Mary

500g Tomaten, halbe Möhre, 1 Schalottenzwiebel, 1 Löffel Worcestersoße, Selleriesalz, Salz, Pfeffer, Zitronensaft und 5 Eisstückchen

Die Tomaten mit den Gewürzen in den Mixbecher geben und 5 Sekunden laufen lassen, dann die Eisstückchen hinzufügen, wieder laufen lassen. Es ist möglich diesen Saft einige Tage in kleinen Behältern zu verwahren.

Huckleberry Drink

4cl Heidelbeersirup, 6cl heißes Wasser, 1cl durchgeseihter Orangensaft (durch ein feines Sieb schütten), 1 Orangenscheibe

Ein Heißgetränk, das an einem frostigen Wintertag besonders von Kindern gern getrunken wird.

Den Heidelbeersirup in den Kinderbecher geben, mit dem heißen Wasser verrühren und mit dem Orangensaft verfeinern. Die Orangenscheibe einschneiden und an den Glasrand stecken. Natürlich kann man auch einen großen Topf im Voraus herrichten und dann nur noch in die Tassen einfüllen!

Göttertrank (für 2 Personen)

Saft einer halben Zitrone, 2cl Orangensirup, 2cl Schokoladensirup, 1 geh. EL Vanilleeis, 1 geh. EL Schokoladeneis, 500ml Milch, 2 Orangenscheiben, 1 EL Schokostreusel

Diese Eismilch wird immer Gefallen finden.

Zitronensaft, Orangensirup, Schokoladensirup, Vanille- und Schokoladeneis mit der Milch im Mixgerät gut durcharbeiten. In hohen Bechergläsern servieren, mit den Orangenscheiben und den Schokostreuseln garnieren und einen langen Löffel und Trinkhalm dazugeben.

Vorsicht mit Salmonellen: Getränk nicht im Voraus vorbereiten!

Fruit Punch

1cl Zitronensaft, 5cl Orangensaft, 5cl Ananassaft, 1 Spritzer Grenadine, 1 Kirsche mit Stiel, Eis in Würfeln

Noch ein kleiner Tipp für Cocktails:

Wenn man eine große Menge ausschenken will, sollte man vielleicht keine Cocktails mit Sahne, Eis oder Eiern mixen. Diese kippen einfach sehr schnell um. Am besten eignen sich welche, die nur aus Säften oder Sirup bestehen. Die Reste kann man auch einfrieren und beim nächsten Mal ausschenken.

Die Jugendleiter-Küche
1. Erweiterung: Backen

Was kann ich auf Lagern, Freizeiten und in Gruppenstunden mit Kindern kochen? Was kann ich backen? Wie kann ich auch auf Lagern und Freizeiten backen? Worauf muss ich dabei achten?

Die "Jugendleiter-Küche. 1. Erweiterung: Backen" beinhaltet insgesamt zehn verschiedene Backofenbauanleitungen, vom einfachen Topfofen bis hin zu gemauerten Exemplaren ist für jede Aktion der richtige Backofen dabei. Die über 50 Rezepte gliedern sich in die Kategorien Brot & Brötchen, Hauptmahlzeiten, Nachtisch, Kuchen, Gebäckstücke & Muffins, Kekse und Abendessen und bieten für jeden Küchenbullen wieder neue Anregungen, wobei nicht jedes Rezept einen Backofen benötigt. Highlights aus dem Inhalt stellen Kuchenrezepte, die ohne Backofen auskommen, zahlreiche weitere Rezepte für das Lagerfeuer und die Keksrezepte dar.

Das Buch ist ein gemeinsames Werk von Küchen erfahrenen Autoren aus verschiedenen Bereichen der Jugendarbeit und wird durch das Internetangebot unter www.gruppenstunden-ideen.de durch zahlreiche Rezepte, Essensfeste und weitere Vorschläge ergänzt.

bestellbar unter

www.gruppenstunden-shop.de

eine kleine Auswahl unserer Bücher

Spiele für Unterwegs

Über 50 Spiele und einige Kommentare aus den Kategorien Actionspiele, Kartenspiele, Kennenlernspiele, Pausenfüller, Reaktionsspiele, Regenwetter, Rätsel- & Logikspiele, Spiele zur Beruhigung und einige sonstige Spiele fasst dieses kleine Buch, das als Ideengrube für kleine Pausen unterwegs betrachtet werden kann. Es spielt bei den Spielen größtenteils keine Rolle, ob man auf einer Fahrt, einer Wanderung oder nur auf einer Wiese ist. Die Spiele in diesem Booklet kommen ohne viel Vorbereitung und Material aus und dauern auch meist nicht länger als 10 Minuten.

Gruselpfad auf Geisterschloss (Nacht-Aktionen)

Was muss ich bei einer Nacht-Aktion beachten? Was habe ich dabei vor? Gibt es noch andere Möglichkeiten als eine Grusel– oder Nachtwanderung? Was mache ich, wenn etwas passiert ist? Wie kann ich mein Spielfeld am besten begrenzen? Über 50 Nacht-Aktionen für Lager, Freizeiten und zum Teil auch für Gruppenstunden werden ausführlich beschrieben. Gestartet wird mit zeitaufwendigeren Nachtaktionen über kürzere Nachtspiele bis hin zu Gruselgeschichten. Abgerundet wird die Thematik durch viele allgemeine Hinweise und Bemerkungen, sowie durch Geschichten zum Hineinversetzen und Zitate von Jugendleitern zu Nacht-Aktionen, die zum Nachdenken anregen.

Wasser-Spaß (Spiele im Wasser)

Als Jugendleiter auf dem Weg zum Schwimmbad stellt man sich fast immer die gleichen Fragen: Welches Kind kann schwimmen? Was kann passieren? Was kann ich vermeiden? Können sich die Kinder selbst beschäftigen? Welche Spiele kann ich anbieten? Kann ich den Schwimmbadbesuch thematisch in das Lagerthema einbinden?
Diese Fragen versucht dieses Buch zu beantworten. Über allgemeine Hinweise zum Schwimmbad bis hin zu Informationen über Schwimmbrille, Tauchermaske und Schwimmbadblackout soll der Betreuer im Vorfeld des Schwimmbadbesuches sicherer werden und lernen mögliche Gefahren zu erkennen.
Den Hauptteil des Buches machen über 50 verschiedenen Wasserspiele aus, die man jederzeit - häufig ohne große Vorbereitung - auch ganz spontan durchführen kann.

bestellbar unter
www.gruppenstunden-shop.de

Viele weitere Rezepte, Ideen und Essensfeste für das Lager,
die Freizeit und die Gruppenstunde findet man unter

www.gruppenstunden-ideen.de

In unregelmäßigen Abständen erscheinen
Erweiterungshefte zu diesem Buch unter

www.gruppenstunden-shop.de

Schau dich doch auch mal im Gruppenstunden-Shop
nach unseren weiteren Veröffentlichungen um

www.gruppenstunden-shop.de